FRENCH FOR SUCCESS

SUCCESS

Progressive French Grammar.
Book 1 (Beginner's Level)

PHILIP EJIKEME

authorHOUSE®

AuthorHouse™ UK
1663 Liberty Drive
Bloomington, IN 47403 USA
www.authorhouse.co.uk
Phone: 0800.197.4150

Published by AuthorHouse   06/21/2016

ISBN: 978-1-5246-2925-0 (sc)
ISBN: 978-1-5246-2924-3 (e)

Print information available on the last page.

Contents

FOREWORD

FRENCH FOR SUCCESS is conceived to facilitate rapid mastery of rules governing French grammar. It is the fruit of reflections on simple, but reliable methods that will enable the non-Francophone to acquire a mindset similar to that of the Francophone. To do that, we strive to simplify the conjugation of verbs, which is what makes the French language appear to be difficult. Accordingly, verbs are placed into categories, instead of groups, depending on their patterns of conjugation. Each category has a conjugation formula. A category is a group of verbs that share similar conjugation patterns in all tenses. While, traditionally, the radical of a verb is repeated six times in a conjugation, the concept exposed in these manuals seeks to use a radical once (unless it is impossible to do so, as in irregular verbs), and replace it with other radicals of the same category. As you will discover, verbs in the same categories share the same six endings which remain unchanged. Examples of radicals are: *aim-* from *aimer*; *parl-* from *parler*, écout- from écouter or *donn-* from *donner*.

The groupings and their distinctive features are explained. Understanding that conjugation is just a matter of arrangement of verb endings, and knowing which verbs that belong together makes learning French much easier. Category A comprises over 4000 verbs, and one can learn their conjugation in less than 10 minutes.

The curious might wonder why we prefer categories to groups. Currently, there are three main groups – namely the first group which comprises verbs ending in **er**; the second group which is composed of verbs ending in **ir;** and the third group composed of verbs ending in **re**. The first group alone (the **er**-group) comprises about 13 different groups of verbs, the radicals of which cannot mutually replace one another. We reduce them to 8. For instance, *donn-, aim-, parl- and* écout- can replace one another but cannot replace céd or cèd- from céder; or **jett and jet-** from **jeter,** etc, although they all end in **er** and belong to the first group.

In the second group, while *fini- (finir), agi- (agir),* and *béni- (bénir)* are mutually replaceable, they cannot replace **sor-(sortir), men-(mentir)**; cour-(courir), secour- (secourir); or **vien- and ven-(venir)**. We think that placing in the same group verbs whose patterns of conjugation have nothing to do with one another can lead to confusion.

Similarly, in group 3, which comprises verbs ending in re, while *attendre, vendre, rendre, perdre* can replace one another in a conjugation, they cannot replace *prendre, comprendre*; and *moudre, dissoudre* and *coudre* do not even share common patterns of conjugation.

vii

Themes are selected to facilitate visual recognition. Where possible, nouns, adjectives and adverbs are grouped in a manner that help the learner distinguish the gender and number, or show them how those parts of speech are formed.

The manuals are divided into four volumes for the progressive acquisition of the rules of French Grammar. While Book 1 introduces such basics as articles /gender (masculine/feminine), and nouns, prepositions, numbers, professions, book 2 seeks to consolidate the knowledge acquired earlier. Other tenses are examined in greater details.

Progressively, the users build their confidence as they learn to construct correct sentences.

Thank You/Remerciements

I wish to profoundly thank the following authors/publishers whose works I constantly consulted in the course of the preparation of these manuals:

Je tiens à exprimer mes vifs remerciements aux auteurs/éditeurs suivants dont les ouvrages m'ont été très utiles au cours de l'élaboration de ces manuels:

Maïa Grégoire and Odile Thiévenaz: Grammaire Progressive du Français avec 500 exercices CLE INTERNATIONAL, 1995, Paris.

Bescherelle POCHE : Les Tableaux pour conjuguer Les règles pour accorder Tous les verbes d'usage courant HATIER, Paris, Juin 1999

LE PETIT ROBERT 1 DICTIONNAIRE ALPHABÉTIQUE ET ANALOGIQUE DE LA LANGUE FRANCAISE Paris, 1989

LE GRAND Robert & Collins Dictionnaire FRANÇAIS-ANGLAIS /ANGLAIS –FRANÇAIS

HarperCollins Publishers, 2007, Glasgow G64 2QT, Great Britain.

The AMERICAN HERITAGE dictionary of THE ENGLISH LANGUAGE, 3RD EDITION, 1992 Boston, MA 02116

I owe immense gratitude to Dr Varus SOSOE, who proofread the entire work. Thank you for your painstaking efforts.

Also to the migrant parents for whom I was occasionally invited to interpret by their children's schools in Geneva. Most often, those parents preferred to practice their French, allowing me to intervene only when they were in search of words. Whether they were Nigerians, Americans, British or Germans, the common features of their outputs had to do with verb endings that echoed the way it is done in their respective mother tongues. These manuals were conceived with a view to eliminating those errors. The desire to find a solution to the conjugation problems was partly born out of those encounters. I thank them for the inspiration.

Finally, I am grateful to my publishers, AuthorHouse UK, for the professionalism they displayed within a very short space of time.

Unit 1A Greetings, introducing yourself and other people

Bonjour, je m'appelle Chuka. – Hello, my name is Chuka.

Je viens du Nigeria, et j'habite à Enugu. Et vous?
I come from Nigeria, and live at Enugu. What about you?

Bonjour, je m'appelle Nana. Je viens du Ghana. J'habite à Kumasi.
Hello, my name is Nana. I come from Ghana. I live at Kumasi.

Je m'appelle Ronke, je suis nigériane. J'habite à Lagos
My name is Ronke, I am a Nigerian. I live in Lagos.

Je m'appelle Michelle, je suis américaine. J'apprends le français à Paris
My name is Michelle, I am an American. I am learning French in Paris.

Voici Corinne. Elle est ivoirienne. Son ami, Koné, est aussi ivoirien
Here is Corinne. She is Ivorian. Her friend, Koné, is also Ivorian.

Bonjour, Christine. D'où venez-vous?
Hello, Christine. Where do you come from?

Je viens du Bénin. Je suis béninoise. I come from Benin. I am a Beninese.

Voici Martin. Il est canad**ien**.	Here is Martin. He is a Canadian.
Voici Sophie. Elle est canadien**ne**	Here is Sophie. She is a Canadian
Tu es anglais, Stephen? -	Are you an Englishman, Stephen?
Oui, je suis anglais -	Yes, I am an Englishman.
Mary est anglai**se**.	Mary is English/an Englishwoman
Et toi, Stefanie? -	How about you, Stefanie?
Je viens d'Allemagne.	I come from Germany.
Je suis allemand**e**.	I am a German
Boris est allemand.	Boris is a German.
Voici Ibrahim. Il vient du Mali.	This is Ibrahim. He comes from Mali
Il est malien.	He is a Malian.

Sa femme, Aïssa, est malienne.

Ibrahim et Aïssa sont maliens

His wife, Aïssa, is also a Malian

Ibrahim and Aïssa are Malians

B. Saying one's name/asking people their names

Comment vous appelez-vous ? Comment t'appelles-tu? - what is your name?

	Je m'	tu t'	il/elle s'	ils/elles s'	nous	vous
appell-	e	es	e	ent	appel- ons	ez

nous nous appel**ons** vous vous appel**ez**

Je m'appell**e** Tope

My name is Tope

Tu t'appell**es** Mary

Your name is Mary

Il s'appell**e** Musa

His name is Musa

Elle s'appell**e** Chioma

Her name is Chioma

Comment vous appel**ez**-vous ? What is your name ? "vous" is used formally for 1 person. Je m'appelle Mike. My name is Mike.

Comment tu t'appelles? What is your name ? Use "Tu" for a familiar person.

Voici mes amis. Ils s'appellent Taye et Kehindé (Ils = masc/plural)
Here are my friends. Their names are Taye and Kehinde

Voici mes soeurs. Elles s'appellent Mary et Jane. (Elles = fem/plural)
Meet my sisters. They are (called/their names are) Mary and Jane

Use "vous" in singular to address someone or people you are not very close to, e.g. your boss, professional colleagues in a situation where formality or measured distance is observed.

Otherwise, use "vous" as plural.
Now, practice introducing yourself and other people

Je m'appelle Cynthia – My name is Cynthia

Tu t'appelles Obi – Your name is Obi

Elle s'appelle Ada – Her name is Ada. - Il s'appelle Dale – his name is Dale.

Vous vous appelez Alice? Oui, je m'appelle Alice.

Clara, j'ai oublié le nom de ton papa. I have forgotten your father's name, Clara.
Comment s'appelle-t-il? Or Comment est-ce qu'il s'appelle ? - What is his name

Comment s'appelle-t-elle? Comment est-ce qu'elle s'appelle? - What is her name?
Elle s'appelle Eno. - Her name is Eno.

Exercise 1.1 Say what people names are using the verb "s'appeler"

(Complete sentences with these conjugations : *appelez, appelles, appelle, appellent*

a. Papa s'_____James.

b. Maman s'_____Anna. Mes frères s'_____Victor et Daniel

c. Mon oncle s'_____Jean-Paul. (My uncle is called Jean-Paul)

d. Comment vous _____-vous, Madame ? - Je m'_____Christine

e. Est-ce que tu t'_____Dike? Is your name Dike?

f. Mes sœurs s'_____Chioma et Ifeoma. My sisters are called Chioma and Ifeoma

g. J'ai oublié ton nom. Comment t'_____-tu?
    I have forgotten your name. What is your name?

h. Tu connais cette fille? Comment s'_____-t-elle? Do you know this girl? What's her name?

Exercise 1.2 Continue the same exercise as in 1.1 with s'appeler

Put the correct form of the verb. Use conjugations: *appelez, appelles, appelle, appellent*

a. Est-ce que tu t'appelles Obi?- Oui, je m'appelle Obi.

b. Est-ce que l'acteur s'_____Tom Cruise? – Oui, il s'_____Tom Cruise.

c. Est-ce que je m'_____Bimbo? – Oui, vous vous_____Bimbo.

d. Est-ce que l'actrice s'_____Geneviève Nnaji? – Oui, elle s'_____G. Nnaji.

e. Est-ce que ces enfants s'_____Michel, Rachel et Anita?
    – Oui, ils s'_____Michel, Rachel et Anita.

f. Il s'_____ Nelson Mandela.

g. Est-ce qu'elle s'_____Clara? – Oui, elle s'_____Clara.

h. Voici le couple Mills: Monsieur s'_____Andy, Madame s'_____Mary.

Unit 1B Saying "My name is not....., Your name is not...."

Je ne m'appelle pas Mark.	My name is not Mark.
Tu ne t'appelles pas Lucie.	Your name is not Lucie.
Il ne s'appelle pas Uche.	His name is not Uche.
Elle ne s'appelle pas Amina.	Her name is not Amina.
Nous ne nous appelons pas Peter et Paul.	We are not called Peter and Paul.
Vous ne vous appelez pas Patrick.	Your name is not Patrick.
Ils/elles ne s'appellent pas Taye et Kehinde.	They are not called Taye and Kehinde.
Est-ce que vous vous appelez Mark?	Non, je ne m'appelle pas Mark.
Is your name Mark?	Non, my name is not Mark.
Est-ce que tu t'appelles Martin?	Non, je ne m'appelle pas Martin.
Is your name Martin?	Non, my name is not Martin.
Est-ce qu'elle s'appelle Sara?	Non, elle ne s'appelle pas Sara.
Is she called Sara?	
Est-ce que la dame s'appelle Monique?	Non, elle ne s'appelle pas Monique.
Is the lady's name Monique?	No, her name is not Monique.
Est-ce que les jumeaux s'appellent Ike et Emeka?	Non, ils ne s'appellent pas Ike et Emeka.
Are the twins called Ike and Emeka?	No, their names are not Ike and Emeka.

Exercise 1.3 Answer in the negative

Est-ce que vous vous appelez Jacques **?** - Non, je ne m'appelle pas Jacques.

a. Est-ce qu'elle s'appelle Anita? -_____

b. Est-ce que tu t'appelles Martinez?_____

c. Est-ce que l'artiste s'appelle Dali?_____

d. Est-ce que la directrice s'appelle Mme Sara Ibe?_____

e. Est-ce que cette comédienne s'appelle Genevieve ?_____

Unit 2. Être - to be

Je suis	I am
Tu es	You are (singular, usually a relative/friend)
Il est	He is
Elle est	She is
Nous sommes	We are
Vous êtes	You are
Ils sont	They are (masculine plural/masculine + feminine)
Elles sont	They are (feminine plural)

Je suis médecin/professeur –   I am a doctor / a teacher

Masculine singular	*Feminine singular*
Je suis Patrick	Je suis Susanne.
Je suis africain, français	Je suis africaine, française – I am an African, a Frenchman
Je suis nigérian.	Je suis nigériane – I am a Nigerian
Je suis étudiant.	Je suis étudiante – I am a student
Tu es un garçon/un homme (You are a boy/a man)	Tu es une fille/une femme – you are a girl/ a woman
Vous êtes beau/intelligent You are good-looking/intelligent	Vous êtes belle/intelligente You are beautiful/intelligent
Il est musicien – He is a musician	Elle est musicienne She is a musician
Il est acteur – He is an actor	Elle est actrice She is an actress.
Il est beau – He is good-looking	Elle est belle – She is beautiful
Il est intelligent – He is intelligent	Elle est intelligente – She is intelligent.
Il est content/heureux. – He is happy/ satisfied.	Elle est contente/heureuse. – She is happy/satisfied
Monsieur Dupont est content Mr Dupont is happy/pleased	Catherine est contente Catherine is happy/pleased
David est triste – David is sad	Sylvia est triste – Sylvia is sad
Il est grand – He is tall	Elle est grande – She is tall

Masc/plural	**Fem/plural**
Nous sommes nigérians.	Nous sommes nigérian*es*. We are Nigerians.
Vous êtes togolais.	Vous êtes togolais*es*. You are Togolese.
Vous êtes professeurs.	Vous êtes professeurs. – You are teachers.
Vous êtes journalistes/secrétaires.	Vous êtes journalistes/secrétaires. You are journalists/secretaries.
Ils sont contents.	Elles sont content*es*. - They are happy/satisfied.
Ils sont étudiants – They are students.	Elles sont étudiant*es* – They are students.
Ils sont architectes/artistes/médecins.	Elles sont architects/artistes/médecins. They are architects/ artists/doctors.

The feminine of an adjective can be formed by adding "e" to its masculine

E.g. Masc/singular	Fem. Singular
Il est grand. (He is tall).	*Elle* est grand*e*. (She is tall)
Il est content, intelligent, fort.	*Elle* est content*e*, intelligent*e*, fort*e*.
He is happy, intelligent, strong.	She is happy, intelligent, strong.

Exercise 2.1 Put the correct form of the verb "être" in present tense

Use these conjugations : *es, sommes, êtes, sont, est, suis*

E.g. Vous *êtes* satisfait*e*, Madame?

a. Je_____content.

b. Tu_____élégante.

c. Nous_____heureux.

d. Elles_____grandes

e. Ils_____grands.

f. Il_____intelligent

g. Vous_____étudiants?

h. Elle_____mariée

i. Nous_____célibataires.

j. Vous_____professeur?

k. Elle_____contente.

l. Janet_____satisfaite

m. Les enfants_____sages.

n. Catherine et Marie_____satisfaites.

Unit 3A. Nationalities: gender and number

Masculine singular	Feminine singular
Jean-Paul est français. J-P is a Frenchman.	Alice est française. – Alice is a Frenchwoman.
David est anglais. David is an Englishman.	Sarah est anglaise. – Sarah is an Englishwoman.
Boris est allemande. Boris is a German.	Steffi est allemande. Steffi is a German.
Uche est nigérian.	Amina est nigériane. Amina is Nigerian.
Vous êtes sénégalais.	Vous êtes sénégalaise. You are a Senegalese.
Je suis américain.	Je suis américaine. I am an American.
Vous êtes africain.	Vous êtes africaine. You are an African.
Tu es congolais, suédois.	Tu es congolaise, suédoise. You are a Congolese/a Swede.
Il est danois, togolais. He is Danish, Togolese.	Elle est danoise, togolaise. – She is Danish/ a Togolese.

Masculine Plural	Feminine Plural
Jean et Christophe sont français	Catherine et Anne sont françaises
Uche et Bayo sont nigérians	Amina et Ronke sont nigérianes
David et Michael sont anglais	Rita et Sarah sont anglaises
Thiam et Diouf sont sénégalais	Daba et Aminata sont sénégalaises
Uwe et Carl sont allemands	Barbara et Uschi sont allemandes
John et Mary sont américains	Lindsey et Serena sont américaines

Ubah et Yusuf sont africains   Chioma, Mariam et Bisi sont africain**es**

Jean-Paul et Thierry sont congolais   Marie, Christelle et Véronique sont congolais**es**

Stefan et Magnussen sont suédois   Anja et Sonja sont suédois**es**

The feminine of some nationalities is formed by adding "e" to the masculine, as shown above.

If the masculine singular ends in –ois, -ais, then the masculine plural remains unchanged:

Il est danois, camerounais, chinois, anglais, congolais, gabonais, béninois, ghanéen
He is Danish(a Dane), a Cameroonian, a Chinese, an Englishman, a Congolese, a Gabonese, a Beninese

Ils sont danois, camerounais, chinois, béninois, anglais, congolais, gabonais, ghanéens;
They are Danish (Danes), Cameroonians, Beninese, Chinese, Englishmen, Ghanaians, etc.

Add "e" to form the Fem/singular: elle est danoise, camerounaise, gabonaise, congolaise;

Add "s" to form the feminine plural: elles sont danoises, camerounaises, gabonaises, congolaises, anglaises, chinoises. But ghanéennes – Ghanaian women

However, if the adjective ends in "e", then the masculine and feminine have the same form:

Roger Federer est suiss**e**   Martina Hingis est suiss**e**
Roger Federer is Swiss   Martina Hingis is Swiss

Le professeur est belg**e**   Kim Klijsters est belg**e**
The teacher is Belgian   Kim Klijsters is Belgian

Michael Yuzny est russ**e**   Yelena Isinbayeva est russ**e** (a Russian)

Le directeur est slovèn**e**   La directrice est slovèn**e** (a Slovene/Slovenian)

Where the masculine ends in –que, the feminine takes exactly the same form:

Thomas Bedych est tchè**que**   Petra Kvitova est tchè**que**

Le prince Albert est monégas**que**   La princesse Caroline est monégas**que** (Monacan)

Le chanteur est slova**que**   La joueuse est slova**que** (Slovak, Slovakian)

8

Andy Murray est britann*ique*   La princesse est britann*ique* (British)

L'acteur est britann*ique*.   L'actrice est britann*ique* – the actress is British

Exercise 3A. 1. Write the nationalities of the people below, observing the gender agreement:

Voici mon ami, Jacques. Il vient de France. Il est *français*
Voici Pascale. Elle est français*e*

a. Mary-Joe vient des Etats-Unis d'Amérique. Elle est *américaine.*
   Andre Agassi est_____

b. Voici Chike. Il vient du Nigeria. Il est *nigérian*
   Voici Yetunde. Elle est_____

c. Voici Misatu. Elle vient du Japon. Elle est *japonaise.*
   Voici Watanabe. Il est_____

d. Voici Anne Swift. Elle vient d'Angleterre. Elle est *anglaise.*
   Voici David Beckham. Il est_____

e. Voici mon copain (friend) Diallo. Il vient du Sénégal. Il est sénégalais.
   Voici Aminata. Elle est_____

f. Voici Bruno. Il vient du Portugal. Il est portugais.
   Voici Fernanda. Elle est_____

g. Voici Dieudonné. Il vient du Gabon. Il est gabonais.
   Voici Aissa. Elle est_____

h. Voici Justine. Elle vient de Belgique. Elle est belge.
   Voici Thomas. Il est_____

Exercise 3A.2 *Continue the exercise on gender and nationalities. Note the expression lui aussi – he, too, elle aussi – she, too*

a. Monsieur Dupont est suisse. Sa femme est_____, elle aussi.

b. Madame Abdoulaye est togolaise. Et Monsieur Abdoulaye est_____, lui aussi.

c. Ivanov est bulgare. Son amie est_____, elle aussi.

d. Na Li est chinoise. Wen Jibao est _____, lui aussi.

e. Na Li est chinoise. Wen Jiabao est_____, lui aussi.

Unit 3B. Nationalities in plural: observe agreements in gender and number

Kanu, Tunde et Musa sont **nigérians** (masc/plural) – Kanu, Tunde and Musa are Nigerians.

Amaka, Bola et Martha sont **nigérianes** (fem/plural). Amaka, Bola and Martha are Nigerians.

Boris Becker, Oliver Kahn et Steffi Graf sont **allemands**. (Becker, Kahn and Steffi Graff are Germans – masculine plural)

Nadine est **allemande** (a German - feminine singular).
Nadine et Stephanie sont **allemandes** (Germans – feminine plural)

Justin Gatlin est **américain** (masculine singular)

Justin Gatlin, Michael Phelps et Marion Jones sont **américains** (masculine plural)

Serena Williams est **américaine**. Britney Spears et Lindsey Vonn sont **américaines** (fem/plural)

Didier Drogba est ivoirien – Didier Drogba is an Ivorian (masc/singular).
Drogba et Toure sont ivoiriens. (Masc/plural). Drogba and Toure are Ivorians

Yetunde est **béninoise** (fem/sing) – Yetunde is a Beninese.
Yetunde et Bola sont béninoises. (fem/plural) – Yetunde and Bola are Beninese

Exercise 3B.1 **Complete the sentences, observing gender and number, if need be.**

1. Chioma est nigérian____   Chioma is a Nigerian

2. Chioma et Yétundé sont nigérian____   Chioma and Yétundé are Nigerians.

3. Michel est français____   Michel is a Frenchman

4. Eto'o et Milla sont camerounais____   Eto'o and Milla are Cameroonians

5. Michael Jordan est américain____   Michael Jordan is an American.

6. J.J. Okocha et Finidi George sont nigérian_____   J.J. Okocha and Finidi George are Nigerians

7. Roger Federer et Didier Cuche sont Suisse____   R. Federer and Didier Cuche are Swiss

8. Celine et Barbara sont canadien____   Celine and Barbara are Canadians.

9. Justine Koumba est camerounais____.   Justine Koumba is Cameroonian

10. Aminata est sénégalais____.   Aminata is Senegalese

11. Aminata et Fatou sont sénégalais____.   Aminata and Fatou are Senegalese (women)

12. Thiam est sénégalais____. Thiam is a Senegalese

13. Hugues et Eto'o sont camerounais____ Hugues et Eto'o are Camerounians.

Exercise 3B.2 Choose the correct form of their nationalities.

E.g Elle vient de Russie. Elle est russe/rousse. – russe.

a. Ils viennent du Bénin. Ils sont béninois/bénoises.

b. Elles viennent des Etats-Unis d'Amérique. Elles sont américains/américaines.

c. Ils viennent de Chine. Ils sont chinois/chinoises.

d. Je viens d'Allemagne. Je suis allemand/allemands.

e. Omar vient du Gabon. Il est gabonaise/gabonais.

f. Marthe et Véronique viennent du Gabon. Elles sont gabonais/gabonaises.

g. Owusu et Nana viennent du Ghana. Ils sont ghanéens/ghanéennes.

Exercise 3B.3 Supply the opposite gender of these nationalities

a. Bola est nigériane. Musa est_____

b. Owusu Ansa est ghanéen. Edith est_____

c. Noura est tunisienne. Khaled est_____

d. Koffi est togolais. Aïssa est_____

e. Jacqueline est canadienne. Pierre est_____

f. Binta est sénégalaise. Thiam est_____

g. Patrick est anglais. Mary est_____

Unit 4. Saying people's professions.

Forming the feminine gender of a profession
To describe a person's profession, use the present tense of the verb être + the profession.

Note that, in French, we say: "Je suis médecin/a professeur" – I am a doctor/a teacher

Do not say: "Je suis **un** médecin, or je suis **un** professeur.

Ibe est **acteur**. Ibe is an actor. Bola **est actrice**. Bola is an actress

If the masculine of a profession ends in "**-eur**", the feminine becomes –"**trice/euse**".

Masculine	*Feminine*
David est traducteur (translator)	Anne-Christine est traductrice
Sunny Ade est chanteur (singer)	Amaka est chanteuse
Okon est éducateur (tutor/teacher)	Chioma est éducatrice
Nosa est vendeur (sales assistant)	Martha est vendeuse (shop assistant)
Je suis coiffeur (hairdresser/hairstylist, barber)	Ma cousine est coiffeuse
Paul est moniteur (a coach, an instructor a supervisor).	Chantal est monitrice de ski
Justin est animateur (presenter, activity leader, host)	Tina est animatrice
Vous êtes instituteur (you are a teacher)	Tante Jane est institutrice (Aunt Jane is a teacher).
Obi est agriculteur (a farmer)	Ada est agricultrice (farmer)
Daniel est rédacteur (writer/sub-editor)	Beatrice est rédactrice
Obi est directeur (director, head teacher)	Amina est directrice
Un éditeur (publisher, producer, editor)	une éditrice

Un créateur (de mode), fashion designer, a creative artist	une créatrice de mode
Un imitateur (imitator, impersonator)	une imitatrice
Un conducteur (a driver, an operator)	une conductrice
Un réalisateur (film maker, director)	une réalisatrice
Un coordinateur (a coordinator)	une coordinatrice
Un administrateur (an administrator)	une administratrice
Un chanteur (a singer)	une chanteuse
Un coiffeur (a hairdresser, barber, hairstylist)	une coiffeuse
Un monteur (a fitter)	une monteuse
Un vendeur (shop assistant)	une vendeuse
Mike est traducteur (translator m/s).	Judith est traductrice (f/s).
Vous êtes traducteurs (m/pl)	Vous êtes traductrices (f/pl)
Ils sont infirmiers (nurses)	Elles sont infirmières.
Ils sont joueurs de tennis – (tennis players)	Elles sont joueuses de tennis
Moussa est pharmacien (a pharmacist)	Roseline est pharmacie*nne*
Joseph est enseignant. (a teacher)	Catherine est enseignan*te*
Davido est chanteur (singer)	Rita est chanteuse

Exercise 4.1

Write the correct gender of these professions

a. Voici Jeannette. Elle est **traductrice**. Voici Martin. Il est (traducteur)

b. Obi Emelonye est comédien. Genevieve Nnaji est_____

c. Ebenezer Obey est **chanteur**. Lady Gaga est_____

d. Madame Ahmed est **directrice** d'école. Monsieur Okon est_____d'école

e. Stephen est **coiffeur**. Gabriela est_____

f. Jürgen Kauf est **rédacteur**. Renata Weibel est_____

g. Yemisi Ayinde est **vendeuse**. Emeka Ibe est_____

h. Philip est conducteur de train. Olivia est_____de train.

i. Adriana est **ramasseuse** de balles. Eugène est_____

j. Yves St. Laurent est **créateur** de mode. Monica Evans est_____

Exercise 4.2. Translate into French

a. Patrick is a bus driver. b. Yetunde is a hairdresser. c. Olivia is a saleswoman

d. Bruno Mars is a singer e. Lady Gaga is a singer f. Ibe is a headmaster.

g. Uwa is a film director h. Jack is a translator. i. Maryline is a danser

j. Gina is an actress. Mike is an actor. k. Kemi is an interior designer.

k. Michael is an interior designer. I am a fitter.

l. They are translators (masc/pl). m. They are translators (fem/pl)

m. She is a musician. n. Bob is a writer. o. Anne is a writer

p. Myriam is a headteacher. q. Jeniffer is a comedian. r. John is a programme coordinator

Use these terms: directeur, coiffeuse, chanteur, chauffeur, traducteur, acteur, actrice, danseuse, rédacteur, traductrices, traducteurs, décorateur d'intérieur, rédactrice, vendeuse, réalisateur, musicienne, comédienne, directrice, monteur, coordinateur de programme

Exercise 4.3 What is the masculine or feminine equivalent these nouns?

e.g.   *Un* directeur   *une* directrice

a. Une éducatrice _____

b. Une coiffeuse _____

c. Un rédacteur _____

d. Un créateur _____

e. Une conductrice _____

f. Un animateur _____

g. Une vendeuse _____

h. Une réalisatrice _____

Exercise 4.4   Choose the profession of these people:

a. Elle soigne des malades. Elle est_____

b. Il travaille à la télévision ou il écrit pour un journal. Il est_____

c. Elle soigne les dents. Elle est_____

d. Il joue un role sur un théatre ou à l'écran. Il est_____

e. Il sert les clients dans un restaurant. Il est_____

f. Elle vend des articles dans un supermarché. Elle est_____

g. Il fabrique et vend du pain. Il est_____

h. Elle chante et donne des concerts. Elle est_____

i. Il répare des voitures et des motos. Il est_____

j. Il conduit un taxi. Il est_____

k. Elle enseigne à l'école. Elle est_____

l. Ils apprennent dans une école ou dans une université. Ils sont_____

m. Ils maintiennent l'ordre et assurent la sécurité. Ils sont_____

Choose from these options : vendeuse, boulanger, étudiants, médecin, comédien, journaliste, mécanicien, chauffeur, chanteuse, dentiste, policiers, serveur, enseignante

Le vendeur, la vendeuse – the salesclerk
Le boulanger, la boulangère – the baker
Le médecin – the doctor
Les étudiants/les étudiantes – students
Le comédien – the actor
La comédienne – the actress
Le/la journaliste – the journalist

Le mécanicien/la mécanicienne – The mechanic
Le chauffeur/la chauffeuse – The driver
Le chanteur/la chanteuse – The singer
Le/la dentiste – The dentist
Le policier/la policière – The police officer
Le serveur/la serveuse – The barman/barmaid, waiter/waitress
L'enseignant/l'enseignante – The teacher

Unit 5A. Indefinite article: Un stylo, un cahier, un homme, un garçon

Une voiture, *une* femme, *une* fille, *une* école.
Generally, French nouns are either **masculine** or **feminine**, and accordingly, are preceded by the article showing the gender: *un* for **masculine** and *une* for **feminine**.

As in English, the indefinite article in French is used to refer to a noun whose identity is vague, not precise. It is a general reference. The object/person is being mentioned for the first time.

Indefinite article - masculine – un (a or an)

Un stylo – a pen   un livre – a book   un crayon – a pencil

Un homme – a man; un garçon – a boy; un enfant – a child; un bébé – a baby

un ami – a friend; un chanteur – a singer; un musicien – a musician;

Un skieur – a skier,   un joueur – a player;
un pilote – a pilot/race driver;   un athlète – an athlete

Un éléphant – an elephant;   un lion – a lion
un animal – an animal;   un cheval – a horse

Un oncle – an uncle   un père – a father
Un frère – a brother   un neveu – a nephew

Un hôpital – a hospital   un bâtiment – a building
Un appartement – a flat   un arbre – a tree

Un avion – a plane   un bateau – a boat
Un camion – a truck   un train – a train
Un bus – a bus   un taxi – a taxi

Un canard – a duck   un oiseau – a bird;
Un chien – a dog   un singe – a monkey

Indefinite article : Feminine : - une(a/an)

Une règle – a ruler   une gomme – an eraser
Une table – a table   une boîte – a box

Une femme – a woman   une fille – a girl

Une amie – a friend	une chanteuse – a singer
Une skieuse – a skier	une joueuse – a player
Une pilote – a pilot/race driver	une jupe – a skirt
Une vache – a cow	une chèvre – a goat
Une chaise – a chair	une maison – a house
Une pomme – an apple	une banane – a banana
Une poire – a pear	une pêche – a peach
Une école – a school	une porte – a door
Une fenêtre – a window	une clé – a key
Une robe - a dress	une blouse – a blouse

Exercise 5A.1 Put the correct indefinite article before these nouns – un or une

1. ___ arbre.   2. ___ maison.   3. ___ porte
4. ___ bus   5. ___ garçon   6. ___ école
7. ___ avion   8. ___ règle   9. ___ hôpital
10. ___ animal   11. ___ robe   12. ___ mosquée

5A.2   Introducing/identifying objects – making sentences in the affirmative

Qu'est-ce que c'est? – What is this/what is that, what are those?

We use "**Qu'est-ce que c'est?**" to ask questions about objects.

We use: **c'est un/une + the object** to introduce/identify objects in singular

C'est un stylo – it is a pen.	C'est une règle – it is a ruler.
C'est un livre – it is a book.	C'est un avion – It is a plane.
C'est un arbre – it's a tree.	C'est une école – it's a school.
C'est une église – it's a church.	C'est une mosquée. – It is a mosque.

C'est une montre – it's a watch.   C'est un sac – It is a bag.

C'est un chien – It is a dog.   C'est un livre – It is a book.

C'est une table – It is a table.   C'est un journal – It is a newspaper.

C'est une assiette – It is a plate.   C'est une tasse – It is a cup.

Exercise 5A.3 Construct the sentences with: *un or une:*

Qu'est-ce que c'est ? – C'est un stylo – It is a pen

Qu'est-ce que c'est ? – (cravate) - C'est une cravate.

a. Qu'est-ce que c'est ? (sac) -_____

b. Qu'est-ce que c'est ? (femme) -_____

c. Qu'est-ce que c'est ? (voiture) -_____

d. Qu'est-ce que c'est ? (dictionnaire) -_____

e. Qu'est-ce que c'est ? (valise - suitcase/bag) -_____

f. Qu'est-ce que c'est ? (homme) -_____

g. Qu'est-ce que c'est ? (garçon) -_____

h. Qu'est-ce que c'est ? (fille) -_____

i. Qu'est-ce que c'est ? (robe) -_____

j. Qu'est-ce que c'est ? (hôpital) -_____

k. Qu'est-ce que c'est ? (cahier) -_____

Exercise 5.2 *Answer these questions in the affirmative: oui, c'est un avion*

C'est une chemise? (Is it a shirt)? - Oui, c'est une chemise (Yes, it is a shirt)

a. C'est un stylo? (Is it a pen ? masculine) – Oui,_____

b. C'est une clé ? - Oui,_____

c. C'est une porte ? (a door)? - Oui,_____

d. C'est un livre? (a book) - Oui,_____

e. C'est un crayon? (a pencil)? - Oui,_____

f. C'est une robe (a dress) ? - Oui,_____

5.3 Constructing sentences in the negative :

C'est une voiture – It's a car. Ce n'est pas une voiture – It is not a car.
C'est un crayon – It's a pencil. Ce n'est pas un crayon – It is not a pencil.
C'est un ananas. It's a pineapple. Ce n'est pas un ananas. It's not a pineapple.

a. C'est une jupe (a skirt) - _____

b. C'est un pantalon (a pair of trousers)? - _____

c. C'est une table - _____

d. C'est une montre - _____

e. C'est un vélo (bicycle) – _____

f. C'est un chapeau (a hat) - _____

g. C'est un foulard? (headscarf) - _____

h. C'est une valise - _____

Exercise 5.4 Complete the sentences, as in the example.

E.g. Un stylo/une gomme.

Ce n'est pas un stylo, c'est une gomme (an eraser). It is not a pen, it is an eraser

a. un homme/une femme._____

b. une boîte/un sac._____

c. une blouse/une jupe._____

d. un bus/un tram_____

e. un avion/un bateau._____

f. un cahier/un livre._____

g. une valise/un sac._____

h. un chapeau/un foulard_____

i. une voiture/un camion_____

j. un avion/une voiture._____

Unit 6. Indefinite article in Plural

The plural of *un* or *une* is *des*

Thus, un stylo – a pen un stylo becomes des stylos. une gomme - an eraser - des gommes - erasers.

C'est un stylo – a pen   (it is a pen).   Ce sont des stylos – they are pens

C'est une clé – a key   Ce sont des clés – they are keys.

C'est une robe – it is a dress   Ce sont des robes – they are dresses

Ce sont des livres – they are books.   Ce sont des montres – they are watches

Ce sont des étudiants/étudiantes - they are students

Ce sont des lunettes – they are eyes glasses.

Exercise 6.1   Put these sentences into plural

E.g.   C'est un camion. – Ce sont des camions

a. C'est une voiture_____

b. C'est un bus. -_____

c. C'est un sac. -_____

d. C'est une cravate. -_____

e. C'est un crayon. -_____

f. C'est une robe. -_____

g. C'est une jupe. -_____

h. C'est une chaussure. -_____

i. C'est un cahier._____

j. C'est une camionnette._____

k. C'est un livre._____

l. C'est une maison_____

Exercise 6.2 Put the sentences into negative

E.g.   Ce sont des cravates. – *Ce ne sont pas des cravates*. – They are not ties.

a.   Ce sont des camions. -_____

b.   Ce sont des sandales. -_____

c.   Ce sont des armoires. -_____

d.   Ce sont des montres. -_____

e.   Ce sont des lions. -_____

f.   Ce sont des moutons (sheep). -_____

g.   Ce sont des amis. -_____

h.   Ce sont des fleurs. -_____

Exercise 6.3 Put these sentences into singular.

E. g. Ce sont des roses. – C'est une rose

a.   Ce sont des moutons.   b.   Ce sont des amies.   c.   Ce sont des chiens (dogs)

d.   Ce sont des portes.   e.   Ce sont des sacs.   f.   Ce sont des chats (cats)

g.   Ce sont des montres.   h.   Ce sont des livres.   i.   Ce sont des chemises.

Exercise 6.4 Form the plural of these masculine nouns by changing *un* to *des* and adding "*s*" to the noun. Une nounou (a nanny) = des nounous; un clou =des clous (nails)

Un trou (a hole) – *des* trous (holes)
Un iglou (an igloo – an Eskimo dwelling) – des iglous (igloos)

a.   Un sou (money)_____ b. Une nounou (a nanny)_____

c.   Un doudou (a cuddly toy)_____ d. Un cou (neck)_____

e.   Un bambou (bamboo)_____ f. Un boubou (buba/bubu)_____

g.   Un coucou (cuckoo clock)_____ h. Un loulou (spitz dog)_____

i.   un fou(a madman)_____ j. Un gnou (a gnu)._____

Exercise 6.5 Put Un, Une, Des before these nouns.

a.   _____portes._____ porte._____filou._____nounous.

b.   _____fleurs._____assiettes._____fenêtre._____boîtes.

c.   _____amie._____femme._____hommes._____voiture. voitures.

d.   _____avion._____bus._____enveloppe._____lits.

e.   _____médecin._____infirmière._____hôpital._____clé._____clés.

f.   _____crayon._____nounou._____clou._____vélo._____fleur.

g.   _____fous._____maison._____saisons._____armoires._____iglous.

h.   _____sorcière._____sorcier._____sacs._____stylo._____stylos.

i.   _____robe._____robes._____tante._____oncles._____clé.

j.   _____verres._____lunettes._____pantalon.

k.   _____livres._____enfant._____ enfants._____étudiantes.

Unit 7A. Changing Indefinite Article to Definite Article: un, une des = le, la, l', les

Un = le, l'
Une = la, l'
Des = les.

Voici **un** stylo. **Le** stylo est rouge. This is **a** pen. **The** pen is red
Indefinite article (a, an) Definite article – **the** …

We use indefinite article to talk about people or things in general, and definite article to talk about specific things or people – that is, things or people known or mentioned earlier.

Masculine:

Un sac – a bag (masculine/sing.)	Le sac noir – the black bag
Un livre – a book	Le livre que je lis maintenant – the book I am reading now

We use **l'** for both masculine and feminine **singular nouns** that begin with a vowel:

un ami – **l'ami**; un enfant – **l'enfant**; un hôpital – **l'hôpital**

Un homme – a man	l'homme. L'homme qui parle – the man who is speaking
Un animal – an animal	l'animal – the animal. L'animal dort – the animal is sleeping
Un vélo – a bicycle, bike	le vélo- the bike. Le petit vélo - the small bike

Des hommes – les hommes – men; des stylos – les stylos;
Des avions - les avions (aeroplanes)

Feminine la, l', les = the

Une femme – a woman/wife	la femme – the woman; la femme de John – John's wife.
Une école – a school	L'école – the school. L'école de Paul - Paul's school
Une amie	l'amie – the friend. L'amie de Victoria
Une montre – a watch	la montre – the watch. La montre d'Ike – Ike's watch
Des femmes - women ;	les femmes – the women
Les femmes arrivent -	The women are coming.

25

Des filles – girls – les filles jouent maintenant – the girls are playing now

Des boutiques – shops. Les boutiques – the shops.

Les boutiques sont ouvertes. The shops are open

7A Forming the plural of definite article.

Plural of le, la, l' = les

Singular	**Plural**
Le livre – the book	les livres – the books
L'école – the school	les écoles – the schools
La maison - the house	les maisons – the houses.
L'ami, l'amie – the friend	les amis, les amies friends (masculine/feminine plural)
La voiture - the car	Les voitures – the cars
Le magasin – the shop	les magasins (the) shop.

Voici des poupées (doll). Ce sont les poupées d'Amaka. They are Amaka's dolls

Voici des boubous. Ce sont les boubous de Moussa. They are Musa's bubas/bubus.

L'étudiant, l'étudiante – the student.   Les étudiants, les étudiantes

Exercise 7A.1 Put the nouns below into plural, as in the examples.

E.g.	Le cahier	Les cahiers.
	La règle	les règles
	L'amoire	les armoires
	L'enfant	les enfants

a. La montre_____

b. L'école_____

c. Le village._____

d. La robe._____

e. La chemise_____

f. Le sac_____

g. L'avion._____

h. Le pagne_____

i. le foulard._____

j. Le livre._____

k. Le médecin._____

l. Le père_____

m. L'oncle_____

n. La mère._____

o. La famille._____

Exercise 7A.2 Replace indefinite article with definite article:

Un = le, l'   une = la, l';   des = les

E.g. une fille = la fille ; un enfant = l'enfant ; une école = l'école ; des filles = les filles

a. Une robe_____   b. Une raquette de tennis_____

c. Un sac._____   d. Des voitures._____

e. Une maison_____   f. Un ami_____

g. Des amis_____   h. Une reine (a queen)_____

i. Des enfants_____   j. Un éléphant_____

k. Une jupe_____   l. Des bus_____

m. Un acteur_____   n Des écoles_____

o. Des sandales._____   p. Un parent_____

Exercise 7A.3 Change from definite article to indefinite article: *le/l' = un; la/l' = une; les = des*

E.g. *le stylo – un stylo; les stylos – des stylos; l'école – une école; la robe – une robe*

a.   l'avion -_____   les bus -_____;   les amis -_____

b.   les chemises -_____;   les robes._____;   l'hôpital._____

c.   la montre -_____;   le sac -_____;   l'église -_____

d.   les portes -_____;   la porte -_____;   l'enfant. -_____

e.   la règle -_____   les hommes -_____;   la femme -_____

f.   la fille -_____   l'arbre -_____   la fleur -_____

g.   les problèmes -_____   l'invention -_____;   le garçon -_____

Exercise 7A.4 Change into definite article:

E.g. un arbre – l'arbre;   un crayon – le crayon;   une cravate – la cravate
des cravates – les cravates ; des arbres – les arbres
(un = le/l'; une =la/l'; des = les) (l' = before a vowel – l'enfant, l'étudiant, l'hôpital)

a.   une armoire -_____;   un camion -_____   une camionnette -_____

b.   une saison -_____;   des montres -_____;   un étudiant -_____

c.   des étudiantes -_____;   une fille -_____   un garçon -_____

d.   une boîte -_____;   des boîtes-_____   une mère -_____

e.   un enfant -_____;   des enfants -_____   des arbres -_____

f.   une carte -_____   un vélo (bicycle)_____   un train -_____

g.   des armoires -_____   des cahiers -_____   un cahier -_____

h.   un hôtel -_____   un hôpital -_____   une fenêtre_____

Exercise 7A.5 Form the plural of these nouns. Un/une = des (plural); le/la/l' = les (plural)

E.g. ***Une carte – des cartes; la carte – les cartes***

Un stylo – des stylos; un arbre – des arbres; l'arbre – les arbres; une robe – des robes, la robe – les robes ; le stylo – les stylos

a.   un camion -_____;   une femme -_____   un homme_____

b.   l'homme -_____   une fillette -_____   la boite -_____

c.   le père -_____   la mère -_____   une mère_____

d.   un lion -_____   un Français -_____   un Américain_____

e.   la Nigériane -_____   l'Anglais -_____   la Russe._____

f.   un panier -_____   une bouteille -_____   la bouteille_____

g.   un avion_____   l'avion._____   un livre_____

h.   le livre_____   l'enfant_____   un enfant_____

i.   une chaise_____   la chaise_____   une école_____

j.   un hôpital_____   une armée   l'armée_____

k.   une vache_____   un chien_____   le chien_____

m.   la pomme_____   le Français_____   l'Américaine_____

n.   une lettre_____   l'enveloppe_____   le papier_____

o.   une armoire._____   une robe_____   la blouse_____

p.   un dictionnaire_____   le dictionnaire_____

q.   une table_____   la table_____   une bague_____

Unit 7B. Les fruits et les légumes – fruits and vegetables.

Voici les fruits qu'on mange presque partout en Afrique :

L'orange – orange	la pomme - apple
l'ananas – pineapple	la goyave – guava
La banane – banana	la banane-plantain – plantain
le cajou – cashew	la mandarine - tangerine
Le citron – lemon	le pamplemousse – grapefruit
Le melon – melon	l'amande - almond

L'arachide/la cacahuette – groundnut/peanut ; la mangue – mango

La noix de coco – coconut	La noix de cajou – cashew nut
L'avocat – avocado pear	le maïs – maize

Ces fruits ne poussent pas en Afrique – These fruits don't grow in Africa :

Le raisin – grape	la pêche – peach	la prune – plum
La cerise – cherry	la figue - fig.	
La fraise – strawberry	la myrtille –bilberry/blueberry	

Voici quelques légumes qu'on mange chez-nous – These are some of the vegetables we eat:

La salade – salad;	la carotte – carrot;	l'oignon – onion-
L'aubergine – eggplant/garden egg ;	le haricot – bean	Le concombre – cucumber
L'épinard – spinarch ;	la laitue - lettuce ;	la tomate – tomato
Le chou-fleur – cauliflower ;	l'ail – garlic ;	le piment – pepper
Le gombo – okro/okra ;	le poivron vert – green pepper ;	le poivron rouge – red pepper
Le gingimbre – ginger.		

On mange aussi : We also eat :

L'igname - yam le manioc - cassava

		la viande - meat
Le riz – rice -	la patate douce – sweet potato	le poisson - fish
La pomme de terre – potato ;	les pattes – pastas	le poulet - chicken
Du foufou – fufu.		le bœuf - beef
		le poisson fumé – smoked fish

Les boissons – drinks

Je bois *de l'*eau - I drink water

Le vin de palme – palm wine – je bois ***du*** vin – I drink wine. But J'aime ***le*** vin – I like wine

Le jus de fruit – fruit juice : le jus de pomme – apple juice ; le jus d'orange – orange juice

Nous buvons ***du*** jus d'orange – We drink orange juice. Nous aimons ***le*** jus d'orange

Le vin wine : le vin rouge – red wine ; le vin blanc – white wine

L'eau minérale – mineral water, le coca cola

La bière – beer ; le whiskey – whiskey

L'huile végétale – vegetable oil

L'huile de palme – palm oil

L'huile d'olive – olive oil

L'huile d'arachide – groundnut oil

L'huile de tournesol – sunflower oil

L'huile de soya – soya oil

L'huile de colza – colza oil

L'huile de foie de morue – cod-liver oil

Les repas de chez-nous – our meals

On mange trois fois par jour – we eat three times a day

Le matin, on mange *le petit-déjeuner* – In the morning, we eat *breakfast*

A midi, on mange *le déjeuner* – At noon, we eat lunch

Le soir, on mange *le dîner* – We have/eat diner/supper at night.

Au petit-déjeuner, on peut prendre du café, du thé ou du chocolat chaud avec avec une tartine.

At breakfast, we can have coffee, tea, or hot chocolate with buttered bread/bread and jam

À midi, on mange du riz ou du foufou, mais aussi de l'igname

Le soir, chez nous, on mange des pattes, du foufou ou du riz

Une tartine, c'est le pain avec du beurre et de la confiture – bread spread with butter and jam

Exercise 7B 1

	Vrai	Faux
a.	L'ananas est un légume.	
b.	La tomate est un fruit.	
c.	L'igname est un tubercule.	
d.	L'épinard est un légume.	
e.	La banane est un légume.	
f.	La salade est un fruit.	
g.	L'orange est un légume.	
h.	L'aubergine est un légume.	
i.	La mangue ne pousse pas en Afrique.	

j.   Le manioc n'est pas un tubercule.

Exercise 7B 2. Furnish the answers to these questions. Choose from these options: *midi, le matin, le soir, une tranche de pain avec du beurre et de la confiture.*

a.   Le petit-déjeuner est un repas qu'on mange _____.

b.   Le dîner est un repas qu'on mange_____.

c.   Nous déjeunons en famille à _____.

d.   Une tartine, c'est une _____.

Note :   On prend du café, du chocolat chaud. – We/I take coffee, hot chocolate

But :   On aime le café, le chocolat chaud. – We/I like coffee, hot chocolate
            Je mange de la viande, du poisson. I eat meat, fish.

But :   J'aime la viande, le poisson - I like meat, fish

            Elle boit de l'eau – She drinks/is drinking water
            Elle mange du riz, du foufou. – She eats/is eating rice, fufu

But: Elle aime l'eau, le riz et le foufou. – She likes water, rice, fufu.

Unit 8A. Identifying persons: *Qui est-ce? – who is it?, who is that? who are those?*

Qui est-ce? (pronounced ki y-ess) is used to ask about people's identity.

Qui est-ce? - C'est Koffi. - It's Koffi ; C'est moi. - It's I; C'est nous – It is we.

Whereas *qu'est-ce que c'est* is a question asked to identify a thing or things, *Qui est-ce* seeks to identify a person or persons.

Qu'est-ce que c'est? - C'est un livre, une robe; ce sont des livres; ce sont des robes

When someone knocks on the door, you ask: *Qui est-ce? Who is that*?

Qui est-ce?

C'est Usain Bolt, le sprinteur jamaïcain. – It's Usain Bolt, the Jamaican sprinter

C'est Alicia Keys, la chanteuse américaine. – It's Alicia Keys, the American singer

C'est Roger Federer, le joueur de tennis suisse. It's Roger Federer, the Swiss tennis player

C'est Blessing Okagbare, la sprinteuse nigériane. – It's Blessing Okagbare, the Nigerian sprinter.

Ce sont Monsieur et Madame N'djaye. – These are Mr and Mrs Ndjaye

Ce sont des amis/amies. – These are friends

Ce sont des collègues de travail. – They are colleagues from work/the office

Qui est la femme sur la photo ? Who is that woman in the photo? – C'est une collègue de travail.

Exercise 8.1 Choose "Qui est-ce? " or "Qu'est-ce que c'est ?"

E.g. C'est mon patron – Qu'est-ce que c'est? /<u>Qui est-ce?</u>

C'est une boîte d'allumettes. – Qui est-ce? /<u>Qu'est-ce que c'est?</u>

a.   Ce sont des voisines. - Qu'est-ce que c'est?/Qui est-ce?

b.   C'est un dictionnaire. - Qu'est-ce que c'est?/Qui est-ce?

c.   C'est le président du Manchester United. - Qui est-ce?/Qu'est-ce que c'est?

d.   Ce sont les carnets scolaires de Mark. - Qui est-ce?/Qu'est-ce que c'est?

e.   C'est mon patron. - Qui est-ce?/Qu'est-ce que c'est?

f.   Ce sont les costumes de Michael Jackson. - Qui est-ce?/Qu'est-ce que c'est?

g.   C'est l'orthographe de Roger Federer. - Qui est-ce?/Qu'est-ce que c'est?

h.   C'est la police. - Qui est-ce?/Qu'est-ce que c'est?

i.   Ce sont les enfants d'Ayinde Barrister. - Qui est-ce?/Qu'est-ce que c'est?

j.   C'est l'acte de naissance de Bola. - Qui est-ce?/Qu'est-ce que c'est?

k.   C'est Sophie la girafe (un jouet). - Qui est-ce?/Qu'est-ce que c'est?

Unit 9. Il y a

We use this expression to talk about existing persons or things in a given situation. It means "*there is*" in singular, and "*there are*" in plural………

Il y a quelqu'un à la porte – there is someone at the door.

Il y a beaucoup d'élèves dans la classe – there are a lot of students in the class.

Il y a un match de football ce soir. – There is a football match this evening.

Il y a beaucoup de spectateurs au stade. – There are a lot of spectators at the stadium.

"*Il y a*" is used both as singular and plural: "*there is*", "*there are*".

Il y a du monde au restaurant de Mama Ojo. – There are a lot of people at Mama Ojo's restaurant.

Il y a un livre sur la table – there is a book on the table.

Il y a un crayon dans mon sac. There is a pencil in my bag.

Il y a des crayons dans mon sac. There are pencils in my bag.

Il y a 10 garçons et 12 filles dans ma classe – There are 10 boys and 12 girls in my class.

Il y a beaucoup de bonbons pour les enfants – there are a lot of sweets for the children.

Il y a 5000 étudiants à l'université de Lagos. There are 5000 students at the University of Lagos.

Il y a un avion à 17h. There is a plane at 5 p.m.

Il y a un train à la gare. – There is a train at the station.

In the negative, il y a become il n'y a pas – there is not/there are not….

Il y a un crayon – il n'y a pas de crayon. – There is a pencil – there is no pencil.

Il y a des crayons – il n'y a pas de crayons – there are pencils – there are no pencils.

Il y a une école – il n'y a pas d'école. There is a school. There is no school.

Note that with "il n'y a pas", "un", "une" and "des" become "de" (or "d'" before a vowel

Il n'y a pas de/d' – (d' = before a vowel)

Il n'y a pas d'écoles – there are no schools.

Il n'y a pas d'électricité – There's no electricity.

Exercise 9.1 Complete these sentences with *il y a*

(**Practice using** "*il y a*" to mean there is/there are)

a.   Dans mon village,_____une école, une église et un collège.

b.   _____deux voitures au garage.

c.   _____beaucoup d'élèves dans mon école.

d.   _____un stylo dans mon sac.

e.   _____une pomme dans le panier.

f.   _____des pommes dans le panier.

Exercise 9.2 **Put the sentences into negative as in the examples.**

Il y a un livre sur la table – il n'y a pas de livre sur la table.

Il y a des animaux au parc – il n'y a pas d'animaux au parc.

Il y a des pommes dans le panier – il n'y a pas de pommes dans le panier.

a.   Il y a une télévision dans ma chambre_____

b.   Il y a des enfants dans la classe._____

c.   Il y a un pilote dans l'avion. -_____

d.   Il y a des policiers dans la rue._____

e.   Il y a des armoires dans l'appartement. -_____

f.   Il y a une armoire dans ma chambre. -_____

g.   Il y a un courrier pour toi. -_____

h.   Il y a une voiture au garage. -_____

i.   Il y a des boissons au frigo. -_____

j.   Il y a de la viande au congélateur. -_____

k. Il y a des dictionnaires à 300 naira. -_____

Exercise 9.3 **Re-write the negative sentences into affirmative**.

Il n'y a pas de fruit dans le panier – Il y a un fruit dans le panier.

Il n'y a pas de stylos sur table. – Il y a des stylos sur la table.

Il n'y a pas d'école dans mon village. – il y a une école dans mon village.

a. Il n'y a pas de lampe dans ma chambre._____

b. Il n'y a pas d'armoires dans l'appartement. -_____

c. Il n'y a pas de bus dans cette région. -_____

d. Il n'y a pas de garçons dans notre classe. -_____

e. Il n'y a pas de médecins au village. -_____

f. Il n'y a pas de poste tout près d'ici. -_____

g. Il n'y a pas de télévision dans la chambre. -_____

Unit 10. *The verb Avoir* - to have

Present tense

J'ai   tu as   il/elle a   nous avons   vous avez   ils/elles ont

J'ai   I have

Tu as   You (singular) have

Il/elle a   He/she has

Nous avons we have

Vous avez   You have (singular – formal; plural – both formal and informal)

Ils/elles ont They have;   ils = masc/plural;   elles = fem/plural

Use avoir to express possessions

Mary a une robe, une voiture et une maison. – Mary has a dress, a car and a house

J'ai un chien/un chat. I have a dog/a cat

Tu as une voiture/une bicyclette – you have a car/a bicycle

Tu as mon numéro? Do you have my number?

Nous avons une grande famille – We have a large family.

Vous avez un animal domestique? Do you have a pet animal?

Ils/elles ont des enfants. – They have children

Catherine a un aquarium chez-elle. – Catherine has an aquarium at her home.

La poule a 3 poussins. – The hen has 3 chicks.

Marianne a beaucoup de jouets. – Marianne has a lot of toys.

Mon oncle a beaucoup d'argent. – My uncle has a lot of money.

Tu as une jolie robe. – You have a beautiful dress.

J'ai 2 frères et 3 sœurs. – I have 2 brothers and 3 sisters

We use the verb avoir to say a person's age:

Quel âge avez-vous? Quel âge as-tu? How old are you ?

J'ai 40 ans. – I'm 40 years old. Nous avons 25 ans. – We are 25 years old.

La pieuvre a 4 ans – The octopus is 4 years old

La fille de Sarah a 4 mois. – Sarah's daughter is 4 months old.

We also use avoir to express a desire, an idea or a state of the mind

Vous avez raison/tort – you are right/wrong.

Elle a soif – She is thirsty; Ils ont faim – They are hungry

J'ai sommeil – I am sleepy. Ils ont peur – They are afraid.

L'enfant a de la fièvre. – The child has a fever

J'ai froid. I am cold/ I am feeling cold.

Exercise 10.1

Complete the sentences with the correct form of the verb avoir.

E.g. Vous_____une maison. (avez).

a. Nous_____des masques.   b. Les enfants_____de la fièvre.

c. J'_____un frère et deux sœurs.   c. Tu_____un stylo?

d. Chioma_____10 ans.   e. Elle_____un appartement à Lagos.

f. Monsieur Issa_____une grande famille. g. Ils_____ une Chrysler Voyager.

h. Vous_____une pièce d'identité?   i. Tu_____de la chance, Yinka.

j. Les filles ont de jolis chapeaux.   k. Le bébé_____mal à la tête.

l. Paul_____mal au dos.   m. Mon oncle_____un vélo.

(ai, ont, avons, a, as, avez)

Exercise 10.2.

Complete the sentences by supplying the missing subject pronouns

E.g.   avons des bonbons (Nous)

a. _____ ont des robes.

b. _____ ai des amis.

c. _____ avez un dictionnaire?

d. _____ as une montre?

e. _____ a une cravate.

f. _____ avons des enfants.

g. _____ ont 2 voitures.

h. _____ a des sandales.

i. _____ as des frères et soeurs.

j. _____ Avez-_____un stylo?

k. _____ a un bébé.

l. _____ as des bonbons.

m. _____ ai des neveux et des nièces.

n. _____ avons un appartement.

Use these pronouns : (Elle, j', vous, tu, nous, ils, il, elles)

Forming negative sentences with avoir

J'ai une voiture. – I have a car. - Je ***n'ai pas de*** voiture – I don't have any car/a car.

Il a des amis. – He has friends. Il ***n'a pas d'***amis. – He does not have any friends.

We use "ne ..... pas" to form the negative of a sentence:

Place the verb/auxiliary verb between "ne" and "pas". If the verb begins with a vowel, then drop the e from ne and put apostrophe: il n'a pas d'argent. Vous n'avez pas de place

Nous avons ***un ami/des amis.*** We have a friend / friends. - Nous ***n'avons pas d'ami/d'amis*** – we don't have any friends

Tu as des stylos. –You have pens- - Tu ***n'as pas de*** stylos - You don't have any pens.

Il a des sandales. – He has sandals. - ***Il n'a pas de*** sandales – He doesn't have any sandals.

J'ai des lunettes. I have eye glasses. - Je ***n'ai pas de*** lunettes. - I don't have any eye glasses.

Ils ont des enfants. – They have children. - Ils ***n'ont pas d'***enfants. They don't have any children.

Exercise 10.3 *Change these affirmative sentences into negative*

E.g. Madame Bisi a des poules. Madame Bisi n'a pas de poules
J'ai une voiture – Je n'ai pas de voiture

a. J'ai des frères et soeurs._____

b. Nous avons un appartement._____

c. Monsieur et Madame Mercier ont des enfants. M. et Mme Mercier._____

d. Vous avez un stylo._____

e. Obi a des lunettes._____

f. Elles ont une maison._____

g. Tu as une chaine hi-fi (stereo system)._____

h. Elle a une jupe._____

i. Ils ont une cuisinière électrique (electric cooker)._____

Exercise 10.4 *Answer in the negative.*

Est-ce que vous avez un chien? Non, je n'ai pas de chien.

a. Est-ce que tu as des amis? – Non, je_____

b. Est-ce qu'elle a une voiture? – Non, elle_____

c. Est-ce que Melissa a des jouets? Non, elle_____

d. Est-ce que vous avez une maison? – Non, nous_____

e. Est-ce qu'il a des animaux domestiques? – Non, il_____

f. Est-ce que j'ai une villa? – Non, tu_____

g. Est-ce que tu as un bagage à main? – Non, je_____

h. Est-ce que Tope a une montre? – Non, il_____

i. Les enfants, est-ce que vous avez des livres? – Non, nous_____

Unit 11. Other expressions with "avoir":

Avoir faim to be hungry

J'ai faim – I am hungry.   Tu as faim – You are hungry.
Il/elle a faim – He/she is hungry.   Nous avons faim – we are hungry.
Vous avez faim – You are hungry.   Ils/elles ont faim – They are hungry.

Avoir soif – to be thirsty

J'ai soif – I am thirsty;   Tu as soif – You are thirsty.
Il a soif – He is thirsty.   Elle a soif – She is thirsty.
Nous avons soif – we are thirsty.   Vous avez soif – You are thirsty.
Ils ont soif – They are thirsty (masc/pl)   Elles ont soif – They are thirsty (fem/pl)

Avoir froid – to be cold

J'ai froid – I am cold /I'm feeling cold.   Ils ont froid – They are cold/ are feeling cold.

Avoir sommeil – to feel sleepy

J'ai sommeil – I feel sleepy   L'enfant a sommeil. – The child is feeling sleepy.

Avoir raison – to be right

J'ai raison – I am right;   Tu as raison – You are right.
Nous avons raison – We are right   Elles ont raison – They are right.

Avoir tort – to be wrong

Vous avez tort – You are wrong   J'ai tort. – I am wrong.

Avoir de la chance – to be lucky

J'ai de la chance - I am lucky   Tu as de la chance – You are lucky
Elle a de la chance – She is lucky.   Elles ont de la chance – They are lucky.

Avoir peur – to be afraid

J'ai peur – I am afraid.   Nous avons peur – We are afraid.

Avoir 5 ans, 10 ans – to be 5 years old, 10 years old

Ibe a 10 ans – Ibe is 10 years old.   Ronke a 12 ans – Ronke is 12 years old.

42

Quel âge as-tu? – How old are you?

Quel âge avez-vous? – How old are you?

Avoir mal – to feel pains, to have aches

Le bébé a mal aux dents – The baby has tootache.

Il a mal au dos – He has backache.

Avoir de la fièvre – to have a fever

Avoir envie de – to want/feel like

J'ai 13 ans, 20 ans – I'm 13 years old, 20 years old

Quel âge a-t-elle? – How old is she ?

J'ai mal à la tête – I have a headache.

Obi a mal à la poitrine. Obi has chest pains.

Elle a mal à l'estomac – she has stomach ache

Le bébé a de la fièvre – The baby has a fever.

J'ai envie de danser - I feel like dancing.

Exercise 11.1

Put the correct form of the verb *avoir* (*ont, avez, avons, a, ai, as*)

a. Nous_____soif.

b. Les enfants_____sommeil.

c. Vous_____raison, Madame.

d. Est-ce que tu_____froid, Jean?

e. Est-ce qu'elle_____envie de manger une pizza?

f. Le bébé_____ sommeil.

g. Dele et Taiwo_____soif.

h. J'_____peur des araignées (spiders).

i. Monsieur Mousse_____des animaux dans son bateau.

j. Où est-ce que votre fille_____mal?

k. Elle_____mal au ventre.

l. Nous_____rendez-vous à la gare.

m. Tu_____mal à la poitrine.

n. Nicolas_____envie de boire quelque-chose.

o. Quel âge_____-t-il maintenant?

Exercise 11.2 Same exercise as in 11.1. Furnish the correct form of the verb: avoir
(*ont, avez, avons, a, ai, as*)

a. Quel âge_____-vous, Monsieur?

b. J'_____49 ans.

c. Vous_____de la chance, Madame.

d. Elle_____ tort.

e. Qui_____ raison et qui_____tort ?

f. J'_____envie de manger une glace.

g. Musa_____3 enfants_____

h. Mary et Jane_____15 ans.

i.   Mes invités_____soif.   j.   Est-ce que tu_____faim?

j.   Le Nigeria_____une population de 150 millions d'habitants.

k.   Ma voisine_____une chambre à louer.   m.   Les jumelles_____ 10 ans.

l.   Mais vous_____une jolie robe, Madame.

m.   Ils_____une maison à Accra.   n.   Mon frère_____son anniversaire demain.

Exercise 11.3   Answer in the negative according to the model

Tiens un verre de Coca cola, Marc! – ***Non, merci, je n'ai pas soif.***

a.   Voulez-vous manger quelque chose, Madame?
     Non, merci, je n'_____faim.

b.   Les enfants, voulez-vous dormir maintenant? – Non, merci, nous n'_____pas sommeil

c.   Kevin, voici un comprimé d'aspirine. – Non, merci, je_____plus mal à la tête.

d.   Natalie peut mettre sa veste. – Mais elle_____froid.

e.   Vous venez en discothèque ce soir, Paul et Catherine?-
     Non, nous n'_____envie de danser.

f.   Est-ce que Nana et Patrick viennent à la piscine (swimming pool) avec nous?
     Non, ils_____envie de nager (to swim)

g.   Est-ce que Tunde veut une bière? – Non, il_____soif.

h.   Voici des pattes (pasta) pour Evelyne et Sandrine.
     Non, merci, mais elles_____faim.

i.   Tu peux faire la sieste si tu veux, Jacques.
     Non, merci. Je_____sommeil.

(il n'a pas mal à la tête ; ils n'ont pas envie de nager ; elles n'ont pas faim ; nous n'avons pas envie de danser ; il n'a pas soif ;elle n'a pas froid ; je n'ai plus mal à la tête ; je n'ai pas faim ; nous n'avons pas sommeil ; je n'ai pas sommeil)

Unit 12A. Saying that a particular situation no longer obtains, we no longer feel like...

We can construct such sentences with avoir in the negative + plus + the feeling

Je n'ai plus peur. – I am no longer afraid.

Tu n'as plus envie de sortir. You no longer feel like going out

On n'a plus faim. – We are no more hungry.

Je n'ai plus faim. – I am no longer hungry.

On a plus soif. – We are no longer thirsty.

Nous n'avons plus mal à la tête – We no longer have a headache.

Nous n'avons plus peur d'araignées – We are no longer afraid of spiders

Bisi n'a plus soif. – Bisi is not thirsty any more.

Elle n'a plus envie du chocolat. She doesn't feel like having chocolate anymore.

Je n'ai plus peur des insectes – I am no longer afraid of insects.

Est-ce que vous voulez encore boire quelque chose? – Do you still want to drink something?

Non, je n'ai plus soif. – I am no longer thirsty.

Vous n'avez plus froid. You are no longer cold.

Les enfants n'ont plus sommeil. They children are not feeling sleepy any more.

Exercise 12A. Answer the questions according to the example below

E.g.   Est-ce que Chika veut manger encore quelque chose? – Non, il n'a plus faim.

a.   Est-ce que vous voulez encore sortir en discothèque? –
Nous n'_____envie de danser.

b.   Est-ce que les enfants veulent encore dormir? –Non,_____sommeil.

c.   Tu veux encore un verre d'eau, Patricia? – Je n'_____soif.

d.   Est-ce que la fille veut encore un bout de chocolat? – Elle n'_____faim.

e. Est-ce que vous voulez encore aller à la piscine ce week-end? – On n'_____envie de nager

f. Est-ce qu'elle veut encore des médicaments? –Non, elle n'_____mal à la tête.

g. Est-ce que vous avez toujours peur des insectes?_____

h. Est-ce que vous avez encore envie d'une bière? – Non, nous n'_____soif.

(**Nous n'avons plus soif ; je n'ai plus peur des insectes ; On n'a plus envie de nager ; elle n'a plus mal à la tête ; on n'a plus envie de nager ; elle n'a plus faim ; Je n'ai plus soif ; Nous n'avons plus envie de danser ; ils n'ont plus sommeil**

Unit 12B. Expressions of quantity- beaucoup de, beaucoup d' – a lot of, plenty of; un peu de/un peu d'- a bit of/a little of; trop de/ trop d' – too much of/too many of; assez de/assez d' – enough of!

Voici le père Noël. Il a des cadeaux. Il a **beaucoup de** cadeaux.

Monsieur Bakaré a une grande famille. Il a des enfants. Il a **beaucoup d'**enfants.

Nous avons des amis. Nous avons **beaucoup d'**amis.

Note that we don't say: **beaucoup des**, we say **beaucoup de**, or **beaucoup d'** if the word that follows **beaucoup** begins with **a vowel.**

Le professeur a des livres. Il a **beaucoup de** livres. The teacher has many books

Catherine a des robes. Elle a **beaucoup de** robes. – Catherine has many dresses

Il y a beaucoup de boissons au frigo. There are a lot of drinks in the fridge.

Un peu de, d' is just the opposite of **beaucoup de, d' – a bit of, a little**

Nous avons **du** sucre, **du** sel, **de la** viande, **du** fromage, **de l'**eau (uncountable nouns)

Nous avons **un peu de** sucre, de sel, de lait, d'eau – We have **some** sugar, salt, milk, water/**a bit** of sugar, salt, milk, water

Vous avez **du** temps, de la chance, du piment. You have time, you are lucky, you have pepper.
Vous avez un peu de temps. - You have got a little/a bit of time.
Vous avez un peu de chance. - You are a bit lucky.

Avez-vous un peu de piment ? – Have you got some pepper ?

- **Assez de/d'**– much, sufficient, enough – for a given situation:

Il y a assez d'essence pour le voyage – There is enough fuel for the journey.

Il y a assez de nourritures pour nos invités. – There is enough food for our guests.

Trop de/d' - too many, too much. Il y a trop de dangers. There is too much of danger.

Il y a **trop** de voitures à Lagos. – There are too many cars in Lagos

Il y a **trop de** risques dans cette affaire. – There are too many risks in this matter/It is too risky.

Bola a **trop** d'amis – Bola has too many friends
Tu as trop de choses dans ton sac. – You have too many things in your bag.

Exercise 12B.1

Rewrite the sentences using beaucoup de/d'

E.g. Le directeur a des costumes (suits). Le directeur a ***beaucoup de costumes***.

Nous avons des élèves cette année. Nous avons ***beaucoup d'élèves*** cette année.

Elle a du temps (she has time) – Elle a beaucoup de temps (plenty of time)

a.   Lila a des copines – Lila a beaucoup de copines._____

b.   Les parents de Jacques ont des voitures. – Les parents de Jacques ont_____

c.   Les jumeaux ont des cheveux. – Les jumeaux ont_____

d.   Le milliardaire a de l'argent. – Le milliardaire a_____

e.   J'ai des frères et sœurs. – J'ai_____

f.   Maman a du travail à la maison. – Maman a_____

g.   Vous avez des amis. – Vous avez_____

h.   Ils ont des ennemis ici. – Ils ont_____

i.   Elles ont des chiens. – Elles ont_____

j.   Il y a des contrôles dans les bus. – Il y a_____

k.   Il y a des erreurs. – Il y a_____

l.   Il y a des parcs publics à Genève. – Il y a_____

m.   Il y a des bateaux au lac. – Il y a_____

n.   Tu as des chaussures (shoes). – Tu as_____

o.   Il y a des voitures à Lagos. – Il y a_____

Exercise 12B.2 *Re-write these sentences using un peu de, d', as in the examples*

Don't say : un peu de la or un peu du. Say : un peu de/d'

Je voudrais du sucre. – Je voudrais un peu de sucre. Tu as de l'argent. – Tu as un peu d'argent

Elle voudrait du lait. – Elle voudrait un peu de lait.

a. Sa visite nous a apporté *de la chaleur*. Sa visite nous a apporté_____

b. Ce travail demande *du temps*. – Ce travail demande_____

c. Je vais goûter du tout: *du fromage, du riz, de l'haricot vert, de la salade, de la viande*. Je vais goûter_____: de fromage, de riz, d'haricot vert, de viande

d. Est-ce que tu veux *du vin*?_____?

e. Qui ne voudrait pas *de la tendresse* et *de l'amour* dans sa vie?_____?

f. Avec *une chance*, vous allez trouver une place. – Avec_____

g. Il me faut *du temps* pour y réfléchir. – Il me faut_____

h. Elle a *de la peine* à prendre une décision. – Elle a_____

Exercise 12B.3. Complete the sentences with beaucoup de/d'; un peu de/d'; assez de/d' ; trop de/d'

a. Ne t'inquiète pas. Il y a_____essence.

b. Le sac de Kemi est lourd. Elle a_____livres dedans.

c. Ma tante n'est pas riche. Elle a seulement_____argent

d. Il y a_____boissons pour les invités.

e. Le chef voudrait_____whiskey.

f. Il n'y a pas_____médicaments pour les malades.

g. Il y a_____véhicules à Lagos.

h. Père Noël ! Il n'y a pas_____cadeaux pour les enfants.

i. Je peux avoir_____bonbons, s'il te plaît ?

j. Jane commet_____fautes en français.

k. Je mange_____du tout.

l. Il vous faut_____patience, jeune homme !

m. Il y a_____livres à la bibliothèque.

Unit 13. Adverbs of intensity: beaucoup, assez, peu, très peu, trop, fort

These adverbs are used to show the intensity of the action of the verb.

Beaucoup – a lot: Ils boivent *beaucoup*. – They drink a lot.

Vous fumez 2 paquets par jour. Vous fumez *beaucoup*. – You smoke 2 packets a day. You smoke a lot.

Mes voisins parlent *fort*. My neighbors speak loudly.

Tundé met de la musique *très fort*. Tunde plays very loud musique.

Mary travaille *assez* bien. Mary works well enough.

Les enfants s'amusent *assez.* The children are sufficiently having fun.

On mange *trop* pendant les fêtes. We/people eat too much during festivals/feasts.

Elle est discrète. Elle parle *très peu.* She is discreet/reserved. She speaks very little.

Ils boivent *beaucoup*	They drink a lot.
On s'amuse *beaucoup*	We are having great fun.
Je travaille beaucoup	I am working a lot.

J'habite loin de John. On ne se voit pas beaucoup.
I live far from John. We don't see each other much.

Tu parles *trop*	You talk too much.
Madame Ako gagne *trop*.	Mrs Ako earns too much
Vous demandez *trop*	You are asking for too much.
Il fume *trop*	He smokes too much.
Ils se voient *très peu*.	They hardly see each other.

Je n'aime pas l'alcool. J'en bois *très peu*. – I dont like alcohol. I hardly drink it, drink very little of it.

Exercise 13.1 Choose the adverbs that best suit the sentences: *peu, beaucoup, fort, trop, assez.*

E.g. Ma voiture est économique. Elle consomme_____beaucoup/*peu*.
Mike est alcoolique. Il boit_____fort/*trop*

a. Ils adorent le vin de palme. Ils en boivent_____beaucoup/peu.

b. b. Ma voisine crie tout le temps. Elle parle très_____beaucoup/fort.

c. Ma grand-mère est seule et souffre_____fort/beaucoup.

d. C'est un glouton. Il mange_____beaucoup/assez.

e. Mon bébé pleure toute la nuit. Elle ne dort pas_____peu/assez.

f. Mes parents sont rarement à la maison. Ils voyagent_____beaucoup/fort.

g. Nous aimons le fou-fou. Nous en mangeons_____assez/beaucoup.

h. Dele dérange ses voisins. Il met la musique très_____trop/fort.

i. Vous ne faites pas de pause ! Vous travaillez_____trop/fort.

j. Catherine est discrète. Elle parle_____beaucoup/peu.

Exercise 13.2. Continue the same exercise with the given adverbs.

a. Certains ont_____fort/trop, d'autres n'ont pas_____assez/beaucoup.

b. L'enfant est trop maigre. Il ne mange pas_____peu/assez.

c. Je suis en vacances. Mais je travaille à la maison. Je profite_____beaucoup/peu de mes vacances.

d. Nous aimons_____beaucoup/fort les films de Nollywood.

e. Mes enfants adorent les frites. Ils en mangent_____beaucoup/peu.

f. Julie n'aime pas l'alcool fort. Elle en boit_____fort/peu.

g. J'aime_____beaucoup/fort le football.

h. Cette chanson de P-Square me plaît_____trop/beaucoup.

i. Est-ce que vous vous intéressez_____beaucoup/peu au tennis ?

Unit 14. Pronouns

We use pronouns to replace the corresponding nouns.

Masculine pronouns replace *masculine nouns*; similarly, *feminine pronouns* replace *feminine nouns*. *Singular nouns* are replaced by *singular pronouns*.

Masculine plural nouns are replaced by masculine plural pronouns. So, too, are feminine plural nouns replaced by feminine plural pronouns.

Masculine singular:

Use *"il"* to replace *masculine singular nouns (il = subject)*

Le garçon est dans la classe. - *Il* est dans la classe. - The boy is in the class. He is in the class.

Le stylo est sur la table. - *Il* est sur la table. - The pen is on the table. *It* is on the table.

L'ami de Paul est gentil. - *Il* est gentil. Paul's friend is kind. He is kind.

Le bus est en retard. - *Il* est en retard. - The bus is late. - It is late.

L'étudiant est brillant. - *Il* est brillant. - The student is brilliant. He is brilliant.

L'avion va bientôt arriver. *Il* va bientôt arriver - The plane is going to arrive soon. - It is going to arrive soon.

Le lion est fort. *Il* est fort – The lion is strong. It is strong.

Paul est américain – *Il* est américain. Paul is an American. He is an American.

Le garçon est grand. – *Il* est grand. The boy is tall. He is tall.

Le bébé a faim. *Il* a faim. – The baby is hungry. He/she is hungry.

Le sac est petit. *Il* est petit. – The bag is small. It is small. (object/thing)

Masculine plural: Use *"ils" to replace masculine plural nouns (ils = subject)*

Les garçons sont dans la classe. - *Ils* sont dans la classe. The boys are in the class. They are in the class.

Les stylos sont sur la table. - *Ils* sont sur la table. The pens are on the table. - They are on the table.

Les amis de Paul sont gentils. - *Ils* sont gentils. Paul's friends are nice. They are nice.

Les bus sont en retard. - *Ils* sont en retard. The buses are late. They are late.

Les étudiants sont brillants. - *Ils* sont brillants. - The students are brilliant. They are brilliant.

Les avions vont bientôt arriver. - *Ils* vont bientôt arriver. The planes will soon be arriving. They will soon be arriving

Chike et *Emma* sont des jumeaux. *Ils* sont des jumeaux. – Chike and Emma are twins. They are twins.

Les étudiants sont là. *Ils* sont là. – The students are there. They are there.

Paul et *Jessica* ont une maison. *Ils* ont une maison. – Paul and Jessica have a house. They have a house.

Les animaux ont faim. *Ils* ont faim. The animals are hungry. They are hungry.

Feminine singular:

Replace feminine singular nouns with the pronoun elle.

La fille est belle. *Elle* est belle. The girl is pretty. She is pretty.

La boîte est vide. *Elle* est vide. - The box is empty. It is empty.

L'amie de Jeniffer est gentille. - *Elle* est gentille. Jeniffer's friend is nice. She is nice.

La voiture est lente. *Elle* est lente. - The car is slow. It is slow.

La maison est grande. *Elle* est grande. The house is big. It is big.

*Ob*i a 10 ans. *Elle* a 10 ans. Obi is 10 years old. She is 10 years old.

L'actrice est nigériane. *Elle* est nigériane. The actress is a Nigerian. She is a Nigerian.

Sabine est française. *Elle* est française. Sabine is a Frenchwoman. She is a Frenchwoman.

Feminine plural : Les dames = elles

Les filles sont belles. *Elles* sont belles. The girls are pretty. They are pretty.

Les boîtes sont vides. - *Elles* sont vides. The boxes are empty. They are empty.

Jane et Pat sont gentilles. *Elles* sont gentilles. Jane et Pat are nice. They are nice.

Les voitures sont lentes. *Elles* sont lentes. - The cars are slow. They are slow.

Les maisons sont grandes. *Elles* sont grandes. The houses are big. They are big.

Les montres sont belles. *Elles* sont belles. The watches are beautiful. They are beautiful.

Exercise 14.1 Re-write the sentences replacing the nouns with corresponding pronouns: *il, ils; elle, elles*

a. Jacqueline et Marie-France sont françaises -_____

b. Obi et Chioma sont nigérians. -_____

c. L'assiette est plate. -_____

d. Le bol est rond. -_____

e. Les bols sont ronds.-_____

f. L'église est grande. -_____

g. Les garçons sont dans la classe. -_____

h. Le stade est plein :. -_____

i. Les assiettes sont rondes. -_____

Exercise 14.2 *Continue the same exercise as in 14.1*

a. Le sorcier est méchant (the witch is wicked). -_____

b. La sorcière est méchante. -_____

c. Les écoles sont petites. -_____

d. John a une maison. -_____

e. Anne est actrice. -_____

f. Anne et Christine sont actrices. -_____

g. L'histoire est terminée. (The story has ended). -_____

h. Les histoires sont terminées. (The stories have ended). -_____

i. Le bureau est ouvert. (The office is open). -_____

j. Les renards sont malins. (Foxes are crafty).-_____

Exercise 14.3 Continue the same exercise (replace the nouns with pronouns)

a. Le chanteur est congolais. -_____

b. Les chanteuses sont congolaises._____

c. Le serpent (the snake) avance vers le rat. -_____

d. L'ours (the bear) est gros. -_____

e. Le musée ferme à 17 heures._____

f. Les comédiens sont nigerians -_____

g. Les nains (dwarves) sont petits. -_____

h. La princesse est belle. -_____

i. Le client est roi. -_____

j. Le bébé a faim. -_____

Agent of possession: ***owner***

***L'ami de Dieu**–* God's friend

***Le sac à dos de Dora**–* Dora's backpack

***Le livre de Theo**–* Theo's book.

***Le père de Pierre**–* Pierre's father

La mère de Nora – Nora's mother

In French, we say ***the friend of God***, instead of ***God's friend***; ***the backpack of Dora*** instead of ***Dora's backpack***; ***the book of Theo***, instead of ***Theo's book***; ***the father of Pierre***, instead of ***Pierre's father***.

La robe de Chika – Chika's dress	Le stylo de Mary – Mary's pen
Les romans de Chinua Achebe	Le fils de Moussa – Musa's son
Chinua Achebe's novels	Le vélo de John – John's bike
Les amies de Lucie – Lucy's friends	L'ordinateur de Mark – Mark's PC.
La bague de Christine – Christine's ring.	Le beau-père d'Emma. – Emma's father-in-law.

La famille – the family

Le père -	father	la mère -	mother
Le grand-père -	grandfather	la grand-mère	grandmother
Le frère -	brother	la sœur -	sister
L'oncle -	uncle	la tante -	aunt
Le neveu -	nephew	la nièce -	niece
Le mari, l'époux -	husband	la femme, l'épouse wife/spouse	
Le fils -	son	la fille -	daughter
Le beau-père -	father-in-law	la belle-mère -	mother-in-law
Le gendre -	son-in-law	la belle-fille	daughter-in-law
Le beau-fils -	son-in-law	la bru –	daughter-in-law

Mustafa et Karima sont les parents d'Amina et Youssouf. - Mustafa and Karima are Amina and Yussuf's parents.

Mustafa est le mari de Karima. – Mustafa is Karima's husband

Karima est la femme de Mustafa. – Karima is Mustafa's wife

Karima est la mère d'Amina et Youssouf. Karima is Amina and Youssouf's mother

Mustafa est le père d'Amina et Youssouf. – Mustafa is Amina and Youssouf's father

Amina est la sœur de Youssouf. – Amina is Youssouf's sister.

Youssouf est le frère d'Amina. – Youssouf is Amina's brother

Les fils de Stephen. – Stephen's sons

La fille de Janet – Janet's daughter

Les filles de Janet – Janet's daughters

Jean-Pierre est le fils de Patrick et Monique Dupont. – Jean-Pierre is Patrick and Monique Dupont's son.

Mon *oncle* est *le frère de mon père* ou *de ma mère* – My uncle is my father's brother or my mother's brother.

Ma *tante* est *la sœur de mon père* ou *de ma mère* – my aunt is my father's sister or my mother's sister.

Tundé, *le frère ainé de mon père*, est mon *oncle paternel*. Tunde, my father's elder brother, is my paternal uncle.

Uzo, *le frère cadet de ma mère,* est mon *oncle maternel*. – Uzo, my mother's younger brother, is my maternal uncle.

Amaka, *la soeur aînée de mon père*, est ma *tante paternelle*.

Amaka, my father's elder sister, is my paternal aunt.

Mary, *la soeur cadette de ma mère*, est ma *tante maternelle*. Mary, my mother's younger sister, is my maternal aunt.

Mon cousin, c'est le fils de mon oncle ou de ma tante. My cousin is my uncle's or my aunt's son.

Ma cousine, c'est la fille de mon oncle ou de ma tante. My cousin (fem), my uncle's or my aunt's daughter.

Mon neveu, c'est le fils de mon frère ou de ma sœur. My nephew is my brother's or my sister's son.

Ma nièce, c'est la fille de mon frère ou de ma sœur. My niece is my brother's or my sister's daughter.

Serena est la soeur de Venus. – Serena is Venus' sister.

Peter est le frère de Mary – Peter is Mary's brother.

Mary est la sœur de Peter – Mary is Peter's sister.

Voici le bureau de Chike – This is Chike's office

C'est le stylo de Michel – It is Michel's pen.

Ce sont les stylos de Michel – they are Michel's pens.

Exercise 15.1 ***Translate into French***:

E.g : ***Joe's parents – les parents de Joe; Martina's brother – le frère de Martina***

a. Justin's parents.	b. Martina's sister.	c. Martin's cousin (fem)
d. Martin's brothers	e. Uche's aunt	f. Chike's child
g. Chike's children	h. John's book	i. Marie's cousin (masc.)
j. Pascal's bag	k. My uncle's daughter	l. my brother's books

Exercise 15.2 ***Translate into English***:

E.g. Le cousin de Chike – Chike's cousin; la cousine d'Amina. Amina's cousin
Les livres d'Edet – Edet's books

a. Le frère de Julie.	b. Le père de Nathalie	c. Les chemises de Michael.
d. La voiture de Patricia	e. Le sac de Christine	f. Les frères de John
g. La tante de Chinonso	h. La robe de Jessica	i. La mère de Patrick
j. Les voitures de Chima	k. Les lunettes de Tina	l. La maison de Dangote.
m. La fille de Beyoncé	n. Les jumeaux de d'Onyeka.	
o. Le chapeau de Dipsy.	p. Le mari de Yetunde.	

Complément de nom – possessive phrase 2

Agent of possession: ***common noun with definite article:***

de + le = du ; de + la = de la ; de + l' = de l' ; de + les = des

de +le = du (masculine singular beginning with *a consonant*)

Le bureau de + le directeur = le bureau du directeur (m/s) – The director's office

Le stylo de + le professeur = le stylo du professeur – the teacher's pen

La femme de + le président = la femme du président – the president's wife

La couronne de + le roi = la couronne du roi – the king's crown

Le message de + le père = le message du père – the father's message

de + l' = de l' (masculine or feminine singular beginning with a *vowel or an aspirate h*)

Le sac de + l'enfant = le sac de l'enfant = the child's bag : (*enfant*, m/s, begins with a vowel)
Le chapeau de + l'étudiante = le chapeau de l'étudiante – the student's hat (étudiante = f/s begins with a vowel)

Les lunettes de + l'enseignant = les lunettes de l'enseignant – the teacher's glasses

Similarly, we say: le vélo de l'homme – the man's bike
La robe de l'amie – the girlfriend's dress
Le mari de l'actrice – the actress' husband.

de + la = de la

La couronne de + la reine = la couronne de la reine (the queen's crown- la reine being f/s beginning with a consonant).

La robe de + la fillette = la robe de la fillette – the little girl's dress

Le bureau de + la vendeuse = le bureau de la vendeuse – the saleswoman's office

La bague de + la Française = la bague de la Française – the Frenchwoman's ring

De + les = des (can be masculine or feminine plural)
La voiture de + les parents = la voiture des parents – the parents' car.

Les chaussures de + les enfants = les chaussures des enfants – the children's shoes

Les papiers de + les amis   = les papiers des amis – friends' documents

La salle de + les professeurs   = la salle des professeurs – the staffroom

Les bérets de + les soldats   = les bérets des soldats – the soldiers' berets

Le vestiaire de + les hommes = le vestiaire des hommes – men's cloakroom

Exercise 15.3 *Construct sentences using the models shown below*:

La femme de + le policier. – c'est la femme du policier

Les élèves de Madame Mercier. – Ce sont les élèves de Madame Mercier

Le bureau de +l'enseignante – C'est le bureau de l'enseignante

Le sac de + la fillette – C'est le sac de la fillette

Les vestiaires de + les dames – ce sont les vestiaires des dames

a.   La caméra de /le cinéaste. – C'est la caméra du cinéaste

b.   L'avion de /le président. -_____

c.   Le mari de + la directrice. -_____

d.   Les enfants de + les voisins. -_____

e.   Le vestiaire de + les écoliers. -_____

f.   Les bottes (boots) de + les joueurs. -_____

g.   La femme de + le chef. -_____

h.   Le père de + les enfants. -_____

i.   Le chat de / + la voisine. -_____

j.   Les chiens de /+ le voisin. -_____

Exercise 15.4 ***Continue the same exercise with proper nouns (use de/d' before a name)***

Le copain / Jacqueline. – C'est le copain de Jacqueline.

Les enfants / Paul. – Ce sont les enfants de Paul.

La robe /Amina. – C'est la robe d'Amina.

a.   Le sac à main/Catherine. - _____

b.   Les amis/Uche. - _____

c.   Le poney / Capucine. - _____

d.   Les chats /Mme Marquez. - _____

e.   L'ordinateur/Mary. - _____

f.   Le Nintendo DS /Charles. - _____

g.   L'i-phone /Barbara. - _____

h.   Les sandales/Musa. - _____

i.   Les robes/Amaka. - _____

j.   La classe/Monsieur Yinka. - _____

Unit 16. Possessive adjective

We use possessive adjectives to indicate a relation of ownership or possession between one person and another or between a person and a thing/things. Such relationship exists also between things or objects.

In French, it is the gender and number of the object that matter, not that of the person/thing that possesses that object.

Son stylo only indicates that stylo is masculine/singular. The owner can be a man or woman. That is - son stylo can mean **his pen, her pen or its pen**, depending on whether it belongs to a man/woman or a thing.

In the same manner, **sa montre** indicates that **la montre** is feminine singular (F/S). As in the example above, it can belong to a man or a woman, and so can mean his/her/its watch.

Pronouns	*Je*	*tu*	*il/elle*	*nous*	*vous*	*ils/elles*
M/S le/l'/un	*Mon*	*ton*	*son*	*notre*	*votre*	*leur*
F/S la/l'/une	*ma*	*ta*	*sa*	*notre*	*votre*	*leur*
Plural les/des	*mes*	*tes*	*ses*	*nos*	*vos*	*leurs*
English meanings:	my	your (sing)	his/her/its	our	your (plur)	their

Masculine singular: mon, ton, son – my, your, his/her/its

J'ai **un** stylo – c'est **mon** stylo: I have a pen – it is my pen

Tu as **un** livre – c'est **ton** livre: you have a book – it is your book (Tu = 2nd person singular)

Elle a **un** ordinateur. - C'est **son** ordinateur. She has a computer. It is her computer.

Il a **un** fils. C'est **son** fils. – He has a son. It is his son.

Elle a **un** fils. C'est **son** fils. – She has a son. It is her son.

Nous – notre ; vous - votre

Nous avons **un** père. C'est **notre** père. We have a father. It is our father.

Vous avez **un** frère. C'est **votre** frère. You have a brother. It is your brother (Vous = 2nd person, can be singular or plural)

Ils ont **un** livre. C'est **leur** livre. They have a book. It is their book

Elles ont *un* père. C'est *leur* père. They have a father. It is their father.

Feminine singular : *Ma – my; ta – your; sa - his/her/its*

*J'*ai **une** robe. C'est *ma* robe. – I have a dress. It is my dress

Tu as **une** montre. C'est *ta* montre. You have a watch. It is your watch.

Elle a **une** soeur. C'est *sa* soeur. She has a sister. – It is her sister

Il a **une** soeur. C'est *sa* soeur. – He has a sister. It is his sister.

Nous avons **une** maison. C'est *notre* maison. We have a house. It is our house

Vous avez **une** voiture. C'est *votre* voiture. You have a car. It is your car.

Ils/elles = leur – singular ; leurs - plural
Ils ont **une** tante. C'est *leur* tante. They have an aunt. It is their aunt

Elles ont **une** nièce. C'est *leur* nièce. They have a niece. It is their niece.

Plural : In plural, mon/ma = mes; ton/ta = tes ; son/sa = ses

*J'*ai **des** livres. Ce sont *mes* livres. I have books. They are my books

Tu as **des** cravates. Ce sont *tes* cravates. You have ties. They are your ties

Il a **des** sandales. Ce sont *ses* sandales. He has sandals. They are **his** sandals

Elle a **des** sandales. Ce sont *ses* sandales. – She has sandals. They are **her** sandals

Nous avons **des** amis. Ce sont *nos* amis. We have friends. They are our friends

Vous avez **des** amies. Ce sont *vos* amies. You have friends (F/pl). They are your friends.

Ils ont **des** enfants. Ce sont *leurs* enfants. They have children. They are their children.
Elles ont **des** jupes. Ce sont *leurs* jupes. They have skirts. They are their skirts.

Note : You can use **mon/ton/son** for a feminine object beginning with *a vowel*

Une école – c'est *mon école/ton école/son école* (this is purely for phonetic purposes
We don't say: ma école or ta école or sa école
Similarly, we say: *mon amie, ton amie, son amie,* even though *amie* is feminine /singular

Exercise 16.1. Rewrite the sentences after these examples, using *son, sa, ses*

Voici la mère de Claude. – ***C'est sa mère***
Voici l'oncle de Lucie. – ***C'est son oncle***.
Voici les jouets d'Uche. – ***Ce sont ses jouets***.

a. Voici l'ami de Raphael. -_____

b. Voici l'amie d'Anne. -_____

c. Voici les sœurs de Fatima. -_____

d. Voici le DVD de Christian. -_____

e. Voici la table du directeur. -_____

f. Voici la bague de Mme Eze._____

g. Voici les enfants de Dike. -_____

h. Voici l'enfant de Jérôme. -_____

i. Voici les maillots de Lionel Messi. -_____

Exercise 16.2

Answer the following questions as in the examples below: ton, ta, tes = mon, ma, mes

C'est ton sac? –   Oui, c'est mon sac.
C'est ta montre ? -   Oui, c'est ma montre
Ce sont tes copains ? –   Oui, ce sont mes copains

a. Ce sont tes parents ? -_____

b. C'est ta chambre, Bruno ? -_____

c. C'est ton pantalon ? -_____

d. C'est ton lit, Yetunde?_____

e. C'est ta brosse à dent ? (toothbrush) -_____

f. C'est ton dernier mot ? -_____

g. Ce sont tes copines, Jessica ? -_____

h. Ce sont tes vêtements, Marcel ? – Oui,_____

i. C'est ta petite sœur, Jane ? -_____

Exercise 16.3 *Answer the following questions according to the examples below*

Quelle est la profession de Roger Federer? – Sa profession ? Il est joueur de tennis.

Quel est votre métier ? – Mon métier ? Je suis mécanicien.

Quelle est la nationalité de Venus et Serena Williams ? – Leur nationalité ? Elles sont américaines.

a.   Quel est le prénom de Keshi? -_____ ? C'est Steve.

b.   Quelle est l'opinion de ton père sur notre projet ?_____ ? Il est contre.

c.   Quel est l'avis du directeur ? -_____ ? Il est d'accord.

d.   Quel est le club de Cristiano Ronaldo et Bale?_____ ? C'est le Real Madrid

e.   Quelle est la profession de Genevieve Nnaji? -_____ ? Elle est comédienne.

f.   Quel est votre métier, Monsieur ? -_____ ? Je suis informaticien.

g.   Quelle est la profession de Shakira ?_____ ? Elle est chanteuse.

h.   Quelle est la profession de Lewis Hamilton?_____Il est pilote de F1.

i.   Quels sont les problèmes de Samuel ? -_____ ? Il a des dettes.

j.   Quelles sont vos auteurs préférés, les enfants? -_____? Ce sont Achebe et Soyinka.

k.   Quelle est la recette de ce gâteau? -_____ ? Cela reste un secret !

l.   Quelles sont les émissions préférées de Bola et Yinka ? -_____ ? Ce sont Desperate Housewives et Top Models

Exercise 16.4 *Rewrite the sentences according to the examples below*

Ils ont une voiture. – C'est leur voiture.

Vous avez des enfants. – Ce sont vos enfants

Elle a un livre. – C'est son livre.

a.   J'ai des amis. -_____

b.   Martine a des chiens. -_____

c.   J'ai une maison. -_____

d. Nous avons des cartes de crédit. -_____

e. Vous avez un jour de congé. -_____

f. Il a des enfants. -_____

g. Tu as un travail. -_____

h. Ils ont des montres. -_____

i. Tu as une équipe. -_____

Exercise 16.5 *Choose the appropriate possessive adjectives*

a. En ce moment, le travail n'est pas ma/mon priorité

b. A ses/son yeux, l'amour n'est pas aveugle.

c. Leur/leurs club va mal. Les joueurs n'ont pas encore retrouvé leur/leurs rythme.

d. Il y a un homme dans ma/mon vie. Mais je ne vous dis pas sa/son nom.

e. Tiens, Claire, mes/mon sourcils ont adopté tes/ton Mascara rotatif.

f. Nos/notre enfants n'habitent plus chez-nous. Ma/mon fils ainé a 25 ans, et il a son/sa appartement à Ikeja. Ma/mes fille, Ronke, dirige son/sa entreprise. Mon mari, quant à lui, travaille toujours à Nollywood. Mais il a sa/son bureau à Victoria Island.

g. Avec sa/son victoire à Wimbledon, il retrouve sa/ses place de numéro 1 mondial. C'est le seul trophée qui manque à ses/son palmarès.

h. Mon/mes enfants n'ont pas de goûter aujourd'hui. Il n'y a pas de place dans leurs/leur sacs.

i. Voici notre/nos produit magique. Il nettoie et fait briller toutes les surfaces dans vos/votre cuisine et votre/vos salle de bain.

Unit 17. Interrogative adjectives : Quel /quelle + noun.

We use interrogative adjectives to ask questions about a specific person or thing. *quel, quels ; quelle/ quelles*

Masc/singular: Quel livre? – Which book?

Masc/pl : quels livres? which books?

fem/sing: quelle robe – which dress?

Fem/pl. : quelles robes? Which dresses?

Like all adjectives in French, interrogative adjectives agree with both the gender and the number of the noun they relate to: *quel homme – which man?* for masculine singular, and *quels hommes? – which men?* for masculine plural; similarly, *quelle femme? – which woman?* is for feminine singular, while *quelles femmes? – which women?* is for feminine plural

Functions of interrogative adjectives

Interrogative adjectives are used to ask questions and are followed by a noun.

Quel film est-ce que tu veux regarder? – What/which film do you want to watch?

Quel genre de romans est-ce que vos enfants aiment? What kind of novels do your children like?

Quel temps fait-il? – how is the weather ? (quel film, quel genre, quel temps: masculine singular)

Quels problèmes est-ce que vous rencontrez dans votre travail ? – What problems do you encounter at your work ?

Quels films est-ce que vous allez regarder ce week-end? – What/which films are you going to watch this weekend?

Quels problèmes, *quels* films: masculine plural

Feminine singular and plural

Quelle montre est-ce que vous désirez ? – Which watch do you want ?

Quelle voiture est-ce que tu veux acheter? What/which car do you want to buy?

A *quelle* heure est-ce que votre train arrive ? At what time does your train arrive?

Quelle montre, *quelle* heure, *quelle* voiture: interrogative adjectives, feminine singular)

Quelles joueuses sont considérées comme favorites pour gagner le tournoi ? - Which players (fem/plural) are tipped to win?

Quelles chansons est-ce que vous écoutez souvent ? - Which songs do you often listen to?

Quelles voitures est-ce qu'on utilise chez-vous? Which cars are used in your country?

Exercise 17.1 Complete the following sentences with quel, quels, quelle, quelles.

a. In which school did you study? À quelle/quel école est-ce que vous avez étudié ?

b. In which African countries is French spoken? Dans *quels* /quelles pays africains est-ce qu'on parle français ?

c. Which actor plays James Bond in Quantum Solace? Quelle /*quel* acteur incarne James Bond dans Quantum Solace ?

d. Which actress plays Bond girl in the film? *Quelle* /quel actrice incarne Bond girl dans le film ?

e. In which regions does it snow in March? Dans *quelles* / quels régions est-ce qu'il neige en mars?

f. Which nation won the 2014 world cup? Quel /quelle nation a gagné le Mondial 2014?

g. To which address should we send your parcel ? À quelle /quel adresse faut-il envoyer votre colis?

h. In which Canadian cities is French spoken ? Dans quelles/quels villes canadiennes est-ce qu'on parle français?

Unit 18. Expressing possession: À qui est le livre? –

Whose book is it?/ who owns the book ?

Use **à qui** to ask questions about the ownership of something.

À qui est **la robe? –** Whose dress is it**? - Elle** est à Annette. - It is Annette's.
Elle est **à elle** – it's hers.

À qui sont les lunettes? – Whose glasses are these?
Elles sont à Jacques/à **lui**. They are Jacques'. They are his. They belong to him.

À qui est **le stylo**? Whose pen is it? Est-ce à **toi**? Is it yours ?

À qui est **la voiture**? – Whose car is it ? **Elle** est à **moi**. - It is mine.

À qui sont **ces robes**? Whose dresses are these? **Elles** sont à Lucie. Elles sont à elle (Lucie).
They are Lucie's. They belong to her. They are hers.

Les raquettes sont à Federer. The rackets belong to Federer.
Elles sont à **lui**. - They belong to him. They are his.

Les livres sont aux élèves. – The books belong to the pupils.
Ils sont à **eux**. – They belong to them. They are theirs.

Les balles sont à **vous**?/Est-ce que les balles sont à **vous**?
Are the balls yours/do the balls belong to you?
Elles ne sont pas à moi. – They are not mine

Le sac est à John. **Il** est à lui. It is John's bag. It belongs to him.

Il est à **nous**. It belongs to us/it is ours.

Exercise 18.1

Answer the questions. Pay attention to the gender (masculine/feminine) and the number (singular/plural)

a. À qui est la mallette? – (Paul). Elle est à Paul.

b. À qui sont *les papiers* ?_____(nous)

c. À qui est la raquette de tennis ?_____(tu)

d. À qui sont les jouets ?_____(Edet).

e. À qui est le cadeau ?_____(vous).

f. À qui est le vélo ? -_____ _____(nous)

g. À qui sont les cravates ? -_____ _____(mon frère)

h. À qui est ce bonbon ?_____ _____(Olivia)

i. À qui est l'ordinateur portable ?_____ _____(Mlle Drake)

Exercise 18.2 Answer the questions according to the examples given.

Est-ce que la voiture est à vous? – Oui, elle est à moi.

Est-ce que les crayons sont à Jacques ? – Oui, ils sont à lui.

Est-ce que les boîtes sont à Roseline ? – Oui, elles sont à elle.

Est-ce que les habits sont à vous ? – Ils sont à nous.

Est-ce que le sac est à moi ? – Oui, il est à toi.

a. Est-ce que la machine est à nous ? – Oui,_____

b. Est-ce que la boisson est à toi ? – Oui,_____

c. Est-ce que la montre est à James Bond ? – Oui,_____

d. Est-ce que le vélo est à ton père ? – Oui,_____

e. Est-ce que ces smartphones sont à Obi? - Oui,_____

f. Est-ce que les chaussures sont à Monica? – Oui,_____

g. Est-ce que les robes sont à ces jeunes filles? – Oui,_____

h. Est-ce que ces clés sont à Chioma ? – Oui,_____

i. Est-ce que ce chapeau est à Musa ? – Oui,_____

Exercise 18.3 Answer in the negative

Est-ce que les livres sont à vous? – Are the books yours/do the books belong to you?
Non, ils ne sont pas à moi – No, they are not mine/they don't belong to me.

Est-ce que la robe est à Jacqueline? – Is the dress Jacqueline's/does the dress belong to Jacqueline?
Non, elle n'est pas à elle. – No, it is not hers/it does not belong to her/it doesn't.

Est-ce que le livre est à Tunde? – Is this book Tunde's book ?
Non, il n'est pas à lui. – No, it is not his/it does not belong to him. (No, it doesn't)

a. Est-ce que le jouet est à Pierre ? – Non,_____

b. Est-ce que le journal est à Anne ? – Non,_____

c. Est-ce que les valises sont à Rita et Françoise ? Non,_____

d. Est-ce les billets sont à vous, Monsieur ? – Non,_____

e. Est-ce que la console de Playstation est à votre fils ? – Non,_____

f. Est-ce que le permis de conduire est à votre femme ? – Non,_____

g. Est-ce que les classeurs sont à toi ? - Non,_____

h. Est-ce que les blousons sont aux élèves ? - Non,_____

i. Est-ce que la valise est à moi ? – Non,_____

j. Est-ce que le tableau est à M. Dupont ? – Non,_____

k. Est-ce que les clés de voiture sont à la directrice ? – Non,_____

l. Est-ce que la valise est à nous ? – Non,_____

m. Est-ce que le costume est à Michael Jackson ? – Non,_____

n. Est-ce que la tranche de fromage est à moi ? – Non,_____

o. Est-ce que le saxophone est à Fela Kuti ? – Non,_____

Unit 19. Demonstrative adjectives

Demonstrative adjectives are used to specify the nouns/indicate the particular person or thing being referred to.

Demonstrative adjectives respect the gender and number of the noun to which they refer.

Masculine/singular:

Le livre – the book = *ce* livre – *this* book

Le crayon – the pencil = *ce* crayon – *this* pencil

Use "*cet*" before a masculine singular noun beginning with a vowel or an aspirate h.

L'arbre – the tree	*cet* arbre – *this* tree
L'homme – the man	*cet* homme – *this* man
L'enfant – the child	*cet* enfant – *this* child
L'hôtel – the hotel	*cet* hôtel – *this* hotel
L'hôpital – the hospital	*cet* hôpital – *this* hospital

Feminine/singular: use "cette" for feminine singular both vowel and consonant

La fille – the girl	*cette* fille *this* girl
la femme – the woman	*cette* femme – *this* woman
La robe – the dress	*cette* robe – *this* dress
La valise – the bag/suitcase	*cette* valise – *this* bag/suitcase
L'école – the school	*cette* école – *this* school
L'église – the church	*cette* église – *this* church

Plural: ce + les (pl) = ces; cet + les (pl) = ces;   cette + les (pl) = ces

Exercise 19.1 *Change the definite article into demonstrative adjective – ce, cet, cette, ces*

Les filles -_____   La fille -_____

Le garçon -_____   Les garçons-_____

La valise -_____   L'école -_____

L'hôtel -_____   Les enfants-_____

L'enfant -_____   L'arbre -_____

L'animal -_____   Les animaux -_____

Le sac -_____   L'élève -_____

Les élèves -_____   La montre -_____

Les règles -_____   La règle -_____

L'étudiante -_____   L'étudiant -_____

Les étudiants -_____   Les annonces -_____

L'avion -_____   Les avions -_____

La date -_____   Le mois_____La semaine_____

L'année -_____   Les éléphants -_____

Exercise 19.2 **Write in French**

This bag_____   This watch -_____
This house -_____   These keys -_____
These girls -_____   This book-_____   These books -_____
These watches -_____   This door -_____   These doors_____
These houses -_____   This man -_____   These trees -_____
This car_____   These cars_____   This cat_____

Exercise 19.3 Replace the definite articles with the appropriate demonstrative adjectives.

E. g. La fille est belle. - **Cette** fille est belle.

L'homme est riche. – **Cet** homme est riche.

Les livres sont chers – Ces livres sont chers

a.   Les enfants ont faim. -_____

b.   La blouse est chère. -_____

c.   Les jouets sont à Paul. -_____

d.   L'étudiante est nigériane. -_____

e.   Les robes sont jolies. -_____

f.   La console n'est pas à toi. -_____

g.   Le travail est dur.-_____

h.   Les hommes sont fatigués. -_____

i.   Le tableau est beau. -_____

j.   La valise coûte cher. -_____

k.   Le pays est immense. -_____

l.   L'animal n'est pas beau. -_____

m.   Le café n'a pas de goût. -_____

n.   Ces actrices sont adorables. -_____

o.   L'actrice est enceinte. -_____

Exercise 19.4 Supply the missing demontrative adjectives (ce, cette, cet, ces)

E.g. On mange bien dans _____ restaurant (ce).

a.   _____arbre a 100 ans.   b.____décision est discutable.

c.   Je ne suis pas d'accord avec_____avis.   d.___enfants sont mal élevés.

e.   _____ secrétaires sont bilingues.   f._____pays sont pauvres.

g.   On trouve des produits frais dans_____épicerie.

h.   _____ articles ne sont ni repris ni échangés.

i.   _____ produits exotiques sont très chers.   j._____patiente est végétarienne.

k.   _____ voiture est hybride.   l._____rapport est faux.

m.   _____ bananes viennent du Mexique.   n._____article est bon marché.

o.   _____ appareil photo est une marque japonaise.

Exercise 19.5 Complete these sentences with the appropriate demonstrative adjectives. Choose from these options: Ces, cette, cet, ce.

a. _____approche nouvelle plaît aux élèves.

b. _____affiches choquent.   c. _____violeur reste dangereux.

d. _____stratégie est payante.   e. _____mannequin est brésilien.

f. _____ananas viennent du Ghana.   g. _____usine va bientôt fermer ses portes.

h. Quel fromage est indispensable pour_____panure milanaise ?

i. _____année, j'arrête de fumer.   j. _____écrivain est belge.

k. _____victoire est importante dans la course au titre.

Exercise 19.6 Continue the same exercise.

a. _____verdict est sans appel.   b. Suivez_____programme en exclusivité sur CNN

c. _____distributeurs de billets ne rendent pas la monnaie.

d. _____acteurs sont célibataires.   e. _____boissons sont interdites aux mineurs.

f. _____comptable est allemand.   g. _____bébés sont mignons.

h. _____formation dure 3 ans.   i. _____maison n'est pas à vendre.

j. Notre club commence mal avec_____défaite d'entrée.

Unit 20. *Prépositions: Dans, devant, derrière, sous, sur, à, en, de, chez, avec, contre, pour*

In, in front of, behind, under, on, at, in, from, at a person's place, with, against, for are prepositions.

We use prepositions to indicate the place or position of a person or a thing in relation to another person or thing.

Others include *inside, outside, through, between.* These are called prepositions of place.
By is a preposition expressing agency by means of which an action is taken.

Où sont tes livres, Amaka? – Ils sont *dans* mon sac, papa.
Where are your books, Amaka? They are *in* my bag, papa.

Et où est ton sac ? – Il est *dans* la voiture.
And where is your bag? – It is *in* the car.

Où est la voiture ? – Elle est *dehors.*
Where is the car? It is *outside.*

La boîte est *sur* la table. Le chat est **sous** la table. Nous cherchons les informations *sur* internet.

L'éducatrice est *devant* la classe. Les élèves sont *dans* la classe.
The teacher (fem.) is in front of the class. The pupils are in the class

La voiture est *devant* le camion. Le camion est *derrière* la voiture.
The car is in front of the truck. The truck is behind the car
La banque est *en face de* la gare. - The bank is opposite the train station.

En face de means in front of/opposite

Mes habits sont *dans* l'armoire. The dresses are *in* the wardrobe

Elles jouent *avec* leur chien. – They are playing *with* their dog.

Le stylo est *sur* la table. Les stylos sont *sur* la table. The pen is *on* the table. The pens are *on* the table

Nous habitons *à* Genève. – We live in Geneva.

Ils viennent *du* Ghana. – They come from Ghana.
Tu as des amis *en* France, *en* Angletterre, *aux* Etats-Unis, *au* Canada.

Je suis *à la* maison tous les jours *à* 18 heures. – I am at home everyday at 18h00/6 p.m.

Nous avons rendez-vous *avec* la directrice. We have an appointment with the principal.

Amina est *chez* elle. Amina is at home.

L'élève habite *chez* ses parents. The pupil lives with his/her parents

Gabriel habite *chez* sa mère. Gabriel lives at his mother's house.

Il mange 3 fois *par* jour. Il travaille deux jours *par* semaine. Les parquets viennent *par* avion.

Le Nigeria joue *contre* la Côte d'Ivoire. – Nigeria is playing *againt* Ivory Coast.

Est-ce que tu es *pour* moi ou *contre* moi ? – Are you for me or against me ?

Exercise 20.1 Answer the questions using one of the prepositions: *dans, devant, derrière, sous, sur, chez, à, de, en, avec, entre (between), contre (against), pour (for)*

Où sont les livres ? -_____la table. Ils sont *sur* la table.

Où est la robe ? -_____l'armoire. Elle est *dans* l'armoire.

a. Où est le chat ? – Il est_____le canapé.

b. Où sont les élèves ? – Ils sont_____la classe.

c. Où est Monsieur Adoki ? – Il est_____ –lui.

d. Regarde qui est_____toi.

e. Où est le stylo ?- Il est_____la table.

f. Où sont les chiens ? – Ils sont_____la niche.

g. Où habite Jean-Jacques ? – Il habite_____Genève.

h. Où sont mes enfants? – Ils sont_____-nous

i. Où est Catherine ? – Elle est_____la maison

j. Est-ce que tu es_____moi ou_____moi ?

k. Est-ce que le directeur est_____son bureau ?

l. J'ai rendez-vous_____ le médecin.

m. Il y a une affiche_____ le mur. Mais qu'est-ce qu'il y a_____ l'affiche ?

n. Ola est élu président. La majorité a voté _____lui.

o. Nous allons voter_____la torture et la peine de mort.

p. En quarts de finale, les Super Eagles vont jouer_____Bafana Bafana.

Exercise 20.2. *Furnish the appropriate prepositions. (devant, derrière, loin de, près de, dans, par, avec, en, aux, au, sur, chez, sans, à)*

a.   Mes clés sont_____la chaise.

b.   Elle travaille 3 jours_____semaine.

c.   Mes jouets sont_____le panier.

d.   _____chaque homme réussi, il y a une femme.

e.   Fais attention, il y a un accident_____nous.

f.   Elle est toujours_____sa fille. Véronique n'habite pas_____sa mère.

g.   Est-ce que les jumeaux sont_____–eux ?

h.   Il y a des gens_____ le pont.

i.   James vit_____Angletterre. Il a un ami_____ Canada. Ils vont partir_____ Etats-Unis.

j.   Vous pouvez consulter notre programme_____ notre site web.

k.   La voiture est_____le camion. Le camion est_____la voiture. (The prepositions are interchangeable).

l.   D'habitude, Madame Martinez est toujours avec son chien ; mais cette fois, elle est_____ le chien.

m.   Morenike est fâchée. Des inconnus postent des insultes____ son profil Facebook.

n.   Cette plaisanterie ne plaît pas du tout_____son mari.

Unit 21. Les jours de la semaine ; les mois de l'année.
The days of the week; the months of the year.

Les jours de la semaine sont

lundi	Monday
mercredi	Wednesday
vendredi	Friday
dimanche	Sunday

The days of the week are:

mardi	Tuesday
jeudi	Thursday
samedi	Saturday

Note that in French, both days and months are written in **small letters**.
Les mois de l'année sont: the months of the year are:

Janvier	January	juillet	July
février	February	août	August
Mars	March	septembre	September
avril	April	octobre	October
mai	May	novembre	November
juin	June	décembre	December

Je vais à l'école du lundi au vendredi – I go to school from Monday to Friday.
Je ne vais pas à l'école le week-end. – I don't go to school on weekends.

Note that le samedi or le lundi means every Saturday, on Saturdays; every Monday, on Mondays.

But lundi (without the article **le**) means on Monday, or this Monday.

Je ne travaille pas le vendredi – I don't work on Fridays.

Quel jour sommes-nous? What is today /What day is today?

Il travaille sept jours sur sept. He works 7 days a week.

Il prend le médicament 3 x par jour. He takes the medecine 3 times a day/per day.
Ils ne travaillent pas tous les jours. – they don't work everyday.

Lundi matin – Monday morning   Le matin – in the morning;   le soir - in the evening.
L'après-midi – in the afternoon.   Cet après-midi - this afternoon

George travaille seulement le matin
George works only in the mornings.

Samedi après midi – Saturday afternoon.

Dimanche soir. – Sunday evening.

La matinée – in the course of the morning/in the morning. Une demi-journée. - Half a day.

Dans la soirée – in the evening time.
L'année – the year L'année 2000 (deux mille) – the year 2000 ;
2001 – deux mille un; 2006 – deux mille six; 2010 – deux mille dix;
2015 – deux mille quinze ; 2017 – deux mille dix-sept ; 2020 – deux mille vingt.

Dans un an. In a year's time;   Dans une semaine - in a week's time

Dans 3 jours   In 3 days' time;
Dans 10 minutes   – In 10 minutes' time.

Dans quelque temps – before long, in a (short) while

We use dans + days/week,/hour/year to project what will happen in a given space of time

Elle va arriver dans une semaine/dans 3 jours/dans une heure/dans un mois.
She will come/arrive in 3 days' time, in an hour/in a month.

Other expressions of time

La semaine prochaine – next week;   l'année prochaine – next year

Le mois prochain – next month;

mercredi prochain – next Wednesday

samedi prochain – next Saturday.

Il y a deux jours – two days ago;   il y a deux mois/trois semaines – two months ago/3 weeks ago.

L'année dernière/ l'année passée – last year ; la semaine dernière/la semaine passée – last week

Le mois dernier /le mois passé– last month.

Cette semaine – this week; cette année – this year
Ce jour – this day/today;   ce mois – this month

Demain – tomorrow;   après-demain – next tomorrow
À demain – see you tomorrow; à lundi – see you on Monday

Hier – yesterday;   avant-hier – the day before yesterday
Aujourd'hui. – today. Nous allons au cinéma aujourd'hui. We are going to the cinema/movies today.
C'est votre anniversaire aujourd'hui – today is your birthday

C'est l'anniversaire de Paul demain /c'est son anniversaire demain.
Tomorrow is Paul's birthday/his birthday.

Midi – noon/mid-day;   la nuit – night;   minuit - mid-night

À midi – at midday   à minuit – at midnight

Caroline est infirmière.   Caroline is a nurse.

Des fois, elle travaille la nuit.   Sometimes, she works at night

We can say ***en janvier*** or ***au mois de janvier*** – in January. En août/au mois d'août – in August

Nous allons à Paris cet après-midi – We are going to Paris this afternoon.
Cet après-midi – this afternoon

Hier, nous avons fait un pique-nique. We had a picnic yesterday.
Ce soir – this evening. Demain soir – tomorrow's evening.

Ce soir, nous allons regarder une émission à la télé.

La nuit dernière – last night.

Lundi matin – Monday morning; lundi soir – Monday evening

À demain – See you tomorrow; à vendredi – see you on Friday.

À lundi – See you on Monday.

À lundi soir – See you Monday evening

Exercise 21.1

a. ***Name the seven days of the week in French.***

Monday_____   Tuesday_____

Wednesday_____   Thursday_____

Friday_____   Saturday_____

Sunday_____

b. ***Name the months of the year in French***:

January_____   February_____   March_____

April_____   May_____   June_____

July_____   August_____   September_____

October_____   November_____   December_____

c. ***Write in French:*** This week._____

    Next week_____ Yesterday_____ ;

    Last week_____ Last year_____ ;

    In January_____

2. ***Write in French***

a. What day is today?_____ ?   b. See you on Friday_____

c. Today is Saturday_____   d. Next week._____

e. This week-end_____   f. This month_____

g. Last month_____   h. Last night._____

i. This morning_____   j. Next year_____

Exercise 21.2 *Answer these questions*

a. Yinka travaille seulement le lundi, le mardi et le mercredi. Elle ne travaille ni le samedi ni le dimanche. À part le weekend, quels jours ne travaille-t-elle pas ?_____

b. Quel jour vas-tu à la mosquée ?_____

c. Quel jour vont-ils à l'église ?_____

d. Que faites-vous le weekend?_____(réponses variables)

e. Quel jour avez-vous rendez-vous chez le dentiste?_____

Exercise 21.3 *Put le, l', en, au.*

E.g. J'ai mes vacances_____juin. – J'ai mes vacances en juin.

a. Jacqueline part à Paris_____mois d'août.

b. Qu'est-ce que tu fais_____dimanche d'habitude ?

c. Maggie travaille deux jours par semaine :_____jeudi et_____vendredi.

d. Il ne faut pas m'appeler_____matin.

e. Est-ce que nous sommes_____janvier ou février ?

f.   Agatha est née_____septembre.

g.   Tony a son anniversaire_____mois de novembre.

h.   Nous allons en Côte d'Ivoire_____ avril.

i.   Madu ne travaille pas_____soir.

j.   Ike travaille du matin_____soir.

k.   Le patron n'est jamais là_____après-midi.

l.   Dr James reçoit_____matin de 8h30 à 11h30.

Unit 22. *Quel temps fait-il?* - How is the weather?

Il fait beau – the weather is fine.

Il fait du soleil – it is sunny.

Il fait froid – it is cold.

Il fait chaud – it is hot.

Il fait mauvais temps. – the weather is bad.

Il pleut – it is raining.

Il neige – it is snowing.

Il y a du vent/il fait du vent – it is windy.

Il y a des nuages – it is cloudy.

Il fait du brouillard – it is foggy.

Exercise 22.1 Answer these questions according to the situations in your region.

a.   Quel temps fait-il en janvier dans votre pays ?

a.   Quel temps fait-il aujourd'hui chez-vous ?

b.   Quel temps fait-il quand les gens sortent avec les parapluies ?

c.   Quel temps fait-il lorsque les gens portent des gants et des manteaux?

d.   Quel temps fait-il chez-vous en avril, en juin et en septembre ?

e.   Quel temps fait-il chez-vous à Pâques, à Noël, pendant la période du Ramadan ?

Exercise 22.2

a.   Que fais-tu avec tes amis quand il fait beau?

b.   Quel sport fais-tu en hiver?

c.   Quel temps fait-il en Afrique de l'ouest de novembre jusqu'en février?

d.   Est-ce que tu fais du ski? En quels mois est-ce que votre classe sort pour faire du ski?

e. Quel temps fait-il à Noël à Nairobi ?

f. De quand à quand est-ce qu'il pleut dans votre pays?

g. Quel temps fait-il à La Mecque pendant le grand pèlerinage?

h. Quel temps fait-il à Jérusalem pendant les fêtes de la nativité?

Exercise 22.3 Use these weather reports to write about today's weather in each of the cities

E.g. 12 à 15° C: Il fait frais;   16 à 29° C: il fait beau; 30 à 35° C: il fait chaud
36 à 40°C: il fait très chaud;   0° à 10° C : il fait froid ; -1 à -10 C : il fait très froid

Abuja : 34°C - Il fait 34° (degré) à Abuja. Il fait chaud à Abuja. (It's hot at Abuja).

a. Sahara 40° C. – Il fait très chaud au Sahara avec 40°C.

b. Nairobi 21° C -_____

c. Le Caire 14° -_____

d. Accra 30° C -_____

e. Istanbul 7°C -_____

f. Moscou -10°C -_____

g. Davos -8°C -_____

h. Londres 13°C. Il fait frais à Londres_____

i. Lagos 25°_____

j. Zurich 4°C -_____Johannesburg 20°_____

Unit 23. Les saisons – the seasons

La saison sèche – the dry season **la saison des pluies** – the rainy season

Le printemps – the spring **l'été** – (the) summer

L'automne – the autumn **l'hiver** – (the) winter

Au printemps – in (the) spring; **en automne** – in autumn or in the fall

En été – in summer;
en hiver – in winter

Combien de saisons y a-t-il dans votre pays? How many seasons are there in your country?

Nous avons deux saisons principales en Afrique – la saison sèche et la saison des pluies.
We have two main seasons in Africa – the dry season and the rainy season.

Il fait très chaud pendant la saison sèche. – It is very hot during the dry season.
Le harmattan est un vent sec et froid qui souffle dans certaines parties de l'Afrique.
Il pleut beaucoup pendant la saison des pluies. – It rains a lot during the rainy season.

Dans certaines régions, il y a quatre saisons – l'hiver, l'été, l'automne et le printemps.
In some regions, there are four seasons – the winter, the summer, the fall/automn and the spring.

Unit 24. Cardinal Numbers

Un	1	One	Onze	11	Eleven
Deux	2	Two	Douze	12	Twelve
Trios	3	Three	Treize	13	Thirteen
Quatre	4	Four	Quatorze	14	Fourteen
Cinq	5	Five	Quinze	15	Fifteen
Six	6	Six	Seize	16	Sixteen
Sept	7	Seven	Dix-sept	17	Seventeen
Huit	8	Eight	Dix-huit	18	Eighteen
Neuf	9	Nine	Dix-neuf	19	Nineteen
Dix	10	Ten	Vingt	20	Twenty

Vingt et un	21	Twenty-one	Trente et un	31	Thirty-one
Vingt-deux	22	Twenty-two	Trente-deux	32	Thirty-two
Vingt-trois	23	Twenty-three	Trente-trois	33	Thirty-three
Vingt-quatre	24	Twenty-four	Trente-quatre	34	Thirty-four
Vingt-cinq	25	Twenty-five	Trente-cinq	35	Thirty-five
Vingt-six	26	Twenty-six	Trente-six	36	Thirty-six
Vignt-sept	27	Twenty-seven	Trente-sept	37	Thirty-seven
Vingt-huit	28	Twenty-eight	Trente-huit	38	Thirty-eight
Vingt-neuf	29	Twenty-nine	Trente-neuf	39	Thirty-nine
Trente	30	Thirty	Quarante	40	Forty

Quarante et un	41	forty-one
Quarante-deux	42	forty-two
Quarante-trois	43	forty-three
Quarante-quatre	44	forty-four
Quarante-neuf	49	forty-nine

Cinquante	50	fifty
Cinquante et un	51	fifty-one
Cinquante-deux	52	fifty-two
Cinquante-trois	53	fifty-three
Cinquante-cinq	55	fifty-five
Cinquante-neuf	59	fifty-nine
Soixante	60	sixty
Soixante et un	61	sixty-one
Soixante-deux	62	sixty-two

Soixante-three	63	sixty-three
Soixante-six	66	sixty-six
Soixante-neuf	69	sixty-nine

Soixante-dix (septante CH)	70	Seventy
Soixante-onze (septante et un CH)	71	Seventy-one
Soixante-douze (septante-deux CH)	72	Seventy-two
Soixante-treize (septante-trois CH)	73	Seventy-three
Soixante-quatorze (septante-quatre)	74	Seventy-four
Soixante-quinze (septante-cinq)	75	Seventy-five
Soixante-seize (septante-six)	76	Seventy-six
Soixante-dix-sept (septante-sept	77	Seventy-seven
Soixante-dix-huit (septante-huit)	78	Seventy-eight
Soixante-dix-neuf (septante-neuf)	79	Seventy-nine

Quatre-vingts (huitante)	80	Eighty
Quatdre-vingt-un (huitante et un	81	Eighty-one
Quatre-vingt-deux (huitante-deux)	82	Eighty-two
Quatre-vingt-quatre (huitante-quatre)	84	Eighty-four
Quatre-vingt-huit (huitante-huit)	88	Eighty-eight
Quatre-vingt-neuf (huitante-neuf)	89	Eighty-nine
Quatre-vingt-dix (nonante)	90	Ninety

Quatre-vingt-onze (nonante et un)	91	Ninety-one
Quatre-vingt-douze (nonante-deux)	92	Ninety-two
Quatre-vingt-treize (nonante-trois)	93	Ninety-three
Quatre-vingt-dix-neuf/nonante-neuf	99	Ninety-nine

Cent	100	Hundred
Cent un	101	One hundred and one
Cent deux	102	One hundred and two
Cent sept	107	One hundred and seven
Cent neuf	109	One hundred and nine
Cent dix	110	One hundred and ten
Cent quinze	115	One hundred and fifteen
Cent dix-neuf	119	One hundred and nineteen
Cent vingt	120	One hundred and twenty
Cent trente	130	One hundred and thirty
Cent trente et un	131	One hundred and thirty-one

Cent quarante	140	One hundred and forty
Cent cinquante	150	One hundred and fifty
Cent soixante	160	One hundred and sixty
Cent soixante-dix/ cent septante	170	One hundred and seventy-one
Cent soixante-dix-sept/	177	One hundred and seventy-seven
Cent septante-sept		
Cent quatre-vingt/cent huitante	180	One hundred and eighty
Cent quatre-vingt-dix	190	One hundred and ninety
Cent quatre-vingt-dix-neuf/		
Cent nonante-neuf	199	One hundred and ninety-nine
Deux cents	200	Two hundred
Deux cent un	201	Two hundred and one
Deux cent cinq	205	Two hundred and five
Deux cent vingt	220	Two hundred and twenty
Trois cents	300	Three hundred
Trois cent cinquante-cinq	355	Three hundred and fifty-five
Trois cent quatre-vingts	380	Three hundred and eighty
Trois cent quatre-vingt-neuf	389	Three hundred and eighty-nine
Trois cent quatre-vingt-dix-neuf	399	Three hundred and ninety-nine
Quatre cents	400	Four hundred
Cinq cents	500	Five hundred
Cinq cent cinquante neuf	559	Five hundred and fifty-nine
Cinq cent soixante	560	Five hundred and sixty
Six cents	600	Six hundred
Six cent un	601	Six hundred and one
Six cent soixante-neuf	669	Six hundred and sixty-nine
Six cent soixante-dix/six cent septante	670	Six hundred and seventy
Six cent soixante-dix-neuf/	679	Six hundred and seventy-nine
Six cent septante-neuf		
Sept cents	700	Seven hundred
Huit cents	800	Eight hundred
Huit cent quatre-vingt-deux	802	Eight hundred and two
Huit cent cinquante	850	Eight hundred and fifty
Huit cent quatre-vingt-dix	890	Eight hundred and ninety
Huit cent quatre-vingt-onze	891	Eight hundred and ninety-one
Huit cent quatre-vingt-dix-neuf/	899	Eight hundred and ninety-nine
Huit cent nonante-neuf		
Neuf cents	900	Nine hundred

Neuf cent quatre-vingt-dix-neuf	999	Nine hundred and ninety-nine
Mille	1,000	One thousand/a thousand
Mille un	1,001	One thousand and one/a thousand and one
Mille dix	1,010	One thousand and ten
Mille cinquante	1,050	One thousand and fifty
Mille cent	1,100	One thousand one hundred
Mille deux cents	1,200	One thousand two hundred
Mille cinq cents	1,500	One thousand five hundred
Deux mille	2,000	Two thousand
Deux mille douze	2012	Two thousand and twelve
Deux mille neuf cents	2,900	Two thousand nine hundred
Cinq mille	5,000	Five thousand
Six mille	6,000	Six thousand
Six mille huit cent quarante	6,840	Six thousand eight hundred and forty
Sept mille	7,000	Seven thousand
Dix mille	10'000	Ten thousand
Quinze mille	15,000	Fifteen thousand
Vingt mille	20,000	Twenty thousand
Cinquante mille	50,000	Fifty thousand
Cent mille	100,000	One hundred thousand
Deux cents mille	200,000	Two hundred thousand
Cinq cents mille	500,000	Five hundred thousand
Huit cents mille	800'000	Eight hundred thousand
Neuf cents mille	900,000	Nine hundred thousand
Un million, le million	1,000,000	One /a million
Deux million cinq cents	2,500,000	Two million five hundred thousand
Dix million	10,000,000	Ten million
Cent million	100,000,000	Hundred million
Cinq cents million	500,000,000	Five hundred million
Un milliard	1,000,000,000	One billion

Exercise 24.1.
Voici les factures téléphoniques de Christine pour l'année 2010. – Christine's phone bills **for the year 2010**:

janvier	=	30 Francs	juillet	=	60 Francs
février	=	45 Francs	août	=	65 Francs
mars	=	150 Francs	septembre	=	75 Francs

avril	=	21 Francs	octobre	=	15 Francs
mai	=	84 Francs	novembre	=	99 Francs
juin	=	70 Francs	décembre	=	89 Francs

Say or write in words in French the amount corresponding to each month's bill.

Exercise 24.2 *Say or write these numbers in French*

a.   5   b.   101   c.   19.   d.   39.   e.   400.   f.   17.   g.   13

h.   100   i.   7.   j.   140.   k.   18   l.   180.   m.   217   n.   141

Exercise 24.3 *Answer the following questions*. (Variable answers)

a.   Combien d'élèves y a-t-il dans votre classe? – Il y a **20** élèves : **8** garçons et **12** filles.

b.   Combien de frères et sœurs as-tu, Chioma ? – J'ai_____frères et_____sœurs.

c.   Combien coûtent 2 kilos de bœuf ? - 2 kilos de bœuf coûtent_____

d.   Combien coûtent 10 kilos de riz? – 10 kilos de riz coûtent_____

e.   Combien coûte une paire de chaussures ? – Une paire de chaussures coûte

f.   Combien coûte un litre d'essence dans votre pays ? Un litre d'essence coûte N 100

g.   Combien coûte ce T-shirt Nike ? – Il coûte_____

h.   Combien coûte une console Nintendo DS? – Il coûte_____

i.   Combien coûte ce smartphone ? – Il coûte environ_____

j.   Combien coûte cette trousse de maquillage ? (make-up bag). – Elle coûte

k.   Combien coûtent la jupe et la blouse? – Elles coûtent_____

l.   Combien de personnes sont invitées à ton anniversaire ? -_____personnes.

m.   Combien de joueurs y a-t-il dans une équipe de football ? – Il y a_____joueurs

n.   Combien de copains/copines as-tu ? – J'ai_____

Note that the French say:

5000 dollars – cinq mille dollars; 50'000 people – cinquante mille personnes;

91

200,000 euros – deux cents milles euros; 300'000 inhabitants – trois cents milles habitants

However, when expressing figures from a million or above, the French say: 1 million ***de + the noun***, ***1 milliard de + the noun***, 1,5 million ***de*** etc:

1 million de personnes ; 2 millio*n*s de litres; 3, 5 millions de tonnes de marchandises (3 virgule 5 millio*n*s de – 3.5 million;

4 millio*n*s de dollars, 1.5 m de francs ; 10 millio*n*s d'abonnés sur Facebook (subscribers); 2 millio*n*s de téléspectateurs (viewers) ;

The French also use the preposition ***de*** when indicating approximations in relation to these numbers:

Une dizaine de – about 10;   ***une douzaine de*** – a dozen or so

Une quinzaine de – about/some 15,   ***une vingtaine de***
Une trentaine de – some 30   ***une*** quarantaine de – about 40

Une cinquantaine de - about fifty (fifty something)
Une soixantaine de – about sixty (sixty something
Une centaine de – about a hundred about a 100;

Une dizaine de personnes – about 10 people ; ***une vingtaine*** de voitures – about 20 cars

In plural, we say: ***des dizaines de*** – tens of; ***des centaines de*** – hundreds of
un millier de – about a thousand or; ***des milliers de*** – thousands of

Exercise 24.4

Use the figures provided to make a sentence about the population of these countries or cities, as in the example. Practise pronouncing/writing the numbers in French

Lagos compte environ 15 millions d'habitants or ***Lagos est une ville d'environ 15 millions d'habitants***. (Lagos is a city of about 15 million inhabitants)

Freeville ***compte*** 10'000 habitants. (Freeville has 10'000 inhabitants)

La Chine compte plus de 1.5 millards d'habitants. – (China has a population of more than 1.5 billion people).

La France compte environ 65 millions d'habitants.

a.   Le Mali : environ 14 millions d'habitants.   b.   Le Nigeria : environ150 millions d'habitants

c.   Freedom City : 15,000 habitants.

d.   L'Espagne: 40 millions d'habitants

e.   Genève : 480,000 habitants

f.   La Suisse : 8 millions d'habitants

g.   La Ville d'Oba : 190 habitants

h.   Lagos : 14 millions d'habitants

i.   La Chine : 2 milliards d'habitants

j.   Lisbonne : 500,000 habitants

k.   Ide Ville: 208,000 habitants

l.   Green Town: 35,000 habitants

Practise saying percentages in French – *pour cent*

20% - **vingt pour cent** – 20 percent; 5% - cinq pour cent – 5 percent; 70% soixante-dix pour cent – 70 percent, etc.

Exercise 24.5 Write in words in French

Example: 100% - cent pour cent; 10% - dix pour cent

75%   50%   30%;   25%   110%   90%   45%

Exercise 24.6 Write the numbers in words

E.g. Paul a **10** ans. Paul a **dix** ans

Mon grand-père a 75 ans. – Mon grand-père a soixante-quinze ans

a.   Mme Diallo a 60 ans. - Madame Diallo a_____ans

b.   Les jumeaux ont 15 ans. - Les jumeaux ont_____ans

c.   Le chef a 56 ans. - Le chef a_____ans

d.   Sa femme a 39 ans. - Sa femme a_____ans

e.   Ce bâtiment a 150 ans. – Ce bâtiment a_____ans

f.   Ma voiture a 18 ans. – Ma voiture a_____ans

g.   Le président a 86 ans. – Le président a_____ans

h.   La directrice a 36 ans. – La directrice a_____ans

i.   Cette école a 100 ans. – Cette école a_____ans

j.   Mes parents fêtent leurs 50 ans de mariage. Mes parents fêtent leurs_____ans de mariage

Ordinal numbers are number indicating the position or order of persons or things in a group or a set.

1	1er	le premier (m) ou 1re la première (f) 1st first		
2	2e	deuxième	2nd	second
3	3e	troisième	3rd	third
4	4e	quatrième	4th	fourth
5	5e	cinquième	5th	fifth
6	6e	sixième	6th	sixth
7	7e	septième	7th	seventh
8	8e	huitième	8th	eighth
9	9e	neuvième	9th	ninth
10	10e	dixième	10th	tenth
11	11e	onzième	11th	eleventh
12	12e	douzième	12th	twelfth
13	13e	treizième	13th	thirteenth
14	14e	quatorzième	14th	fourteenth
15	15e	quinzième	15th	fifteenth
16	16e	seizième	16th	sixteenth
17	17e	dix-septième	17th	seventeenth
18	18e	dix-huitième	18th	eighteenth
19	19e	dix-neuvième	19th	nineteenth
20	20e	vingtième	20th	twentieth
21	21e	vingt et unième	21st	twenty-first
22	22e	vingt-deuxième	22nd	twenty-second
23	23e	vingt-troisième	23rd	twenty-third
24	24e	vingt-quatrième	24th	twenty-fourth
25	25e	vingt-cinquième	25th	twenty-fifth
26	26e	vingt-sixième	26th	twenty-sixth
27	27e	vingt-septième	27th	twenty-seventh
28	28e	vingt-huitième	28th	twenty-eighth
29	29e	vingt-neuvième	29th	twenty-ninth
30	30e	trentième	30th	thirtieth
31	31e	trente et unième	31st	thirty-first
32	32e	trente-deuxième	32nd	thirty-second
33	33e	trente-troisième	33rd	thirty-third
34	34e	trente-quatrième	34th	thirty-fourth
39	39e	trente-neuvième	39th	thirty-ninth
40	40e	quarantième	40th	fortieth

50	50e	cinquantième	50th	fiftieth	
51	51e	cinquante et unième	51st	fifty-first	
60	60e	soixantième	60th	sixtieth	
61	61e	soixante et unième	61st	sixty-first	
70	70e	soixante-dixième	70th	seventieth	
71	71e	soixante-onzième	71st	seventy-first	
79	79e	soixante-dix-neuvième	79th	seventy-ninth	
80	80e	quatre-vingtième	80th	eightieth	
89	89e	quatre-vingt-neuvième	89th	eighty-ninth	
90	90e	quatre-vingt-dixième	90th	ninetieth	
99	99e	quatre-vingt-dix-neuvième	99th	ninety-ninth	
100	100e	centième	100th	hundredth	
101	101e	cent unième	101st	(one) hundred and first	
102	102e	cent deuxième	102nd	(one) hundred and second	
103	103e	cent troisième	103rd	(one) hundred and third	
104	104e	cent quatrième	104th	hundred and fourth	
120	120e	cent vintième	120th	hundred and twentieth	
200	200e	deux centième	200th	two hundredth	
1000	1000e	millième	1000th	(one) thousandth	

Note also: **le premier (1er), la première (1ère), les premiers/les premières – the first 1st ; le/la deuxième (le/la 2ème) –the second (2nd), le/la/les troisième(s) – the third (3rd), le/la dixième (10ème = tenth = 10th, etc).**

Note also: le/la 20ème (20th); le/la 21ème = 21st)

Le/la/les 100e – le/la/les centième(s) – 100th; le/les 200e – le/la/les deux-centième(s)

Exercise 25.1 *Write these ordinal numbers in French*

These are the positions of the 10 best football countries in the world released by FIFA. Spain is no. 1, while Greece is no. 10.

1. L'Espagne occupe la première place du classement de la Fifa

2. L'Allemagne occupe la_____place

3. Le Portugal occupe la_____place

4. L'Argentine_____

5. L'Angleterre_____

6. Les Pays-Bas occupent_____

7. L'Uruguay_____

8. L'Italie_____

9. La Colombie_____

10. La Grèce_____

Note that for royals and the popes, ordinal numbers are used exclusively in English. In French, however, ordinal number is used only for the first, while the rest are designated in cardinal numbers:

François Ier (François premier   - Francis 1 (Francis the First)
François ll (François deux)   - Francis ll (Francis the Second)
Elizabeth ll (Elizabeth Deux)   - Elizabeth ll (Elizabeth the Second – the Queen)

Le Pape Jean-Paul ll (Jean-Paul Deux)   Pope John-Paul the Second
Benoît XVl (Benoît seize)   Benedict (the Sixteenth)
Charles V (Charles Cinq)   Charles V (Charles the Fifth)

Exercise 23.2   *Write these designations in English*

a. Louis XlV (14)_____

b. Jean XXlll (23)_____

c. Henri Vlll (8)_____

d. Catherine ll_____

e. Rainier ll_____

f. Mohamed VI_____

g. Askia Mohamed lll_____

h. Idris lV_____

Quelle heure est-il – What time is it?

Il est 12 heures – The time is 12 o'clock: It is midday or midnight

1: 00:	Il est une heure	The time is one o'clock (1 a.m. or 13h00 = 1 p.m)
2:00:	Il est 2 heures	It is two o'clock (2 a.m or 14h00 = 2 p.m)
10:10	Il est 10 heures10.	It is 10 minutes past 10
9:50	Il est 10 heures moins dix.	It is 10 minutes to 10
5:20	Il est 5 heures 20.	It is 20 minutes past 5.
5 :15	Il est 5 heures et quart.	It is quarter past 5
5 :40	Il est cinq heures quarante/6 heures moins vingt	It is 20 minutes to 6
11 :45	Il est onze heures quarante-cinq 12 heures (midi) moins le quart	It is quarter to 12 (noon)
00: Il	est 24 heures – il est minuit	It is midnight
7:30	Il est 7 heures trente/7 heures et demie	It is 7:30 (seven thirty/half past seven)
15:00	Il est 15 heures.	It is 3 p.m.
16h10	Il est seize heures dix	It is ten (minutes) past 4
20:05	Il est vingt heures cinq	It is five minutes past 8.

Note in the above example, that while in French, the hours are said before the minutes, in English, on the contrary, the minutes are said before the hours.

Exercise 26.1 Transcribe these TV programmes as shown in the example below

Exemple 6:45 Tom et Jerry - à six heures quarante-cinq, il y a Tom et Jerry sur ITV2

a.	8:00	Bisi Loves Ayinde /Bisi est amoureuse d'Ayinde_____sur NTA1
b.	8h:30	Téléshopping -_____sur Channel 7
c.	9:20	Quatre mariages pour une lune de miel -_____sur TF1
d.	10:00	Top Models -_____sur OGTV
e.	11:30	World Sports_____sur CNN
f.	12:00	le Journal du midi_____sur Télé5
g.	12 :30	Children's world_____Imo TV channel 2
h.	13:00	World's Untold Stories_____sur CNN
I	14:05	Quarts de finale de la CAN_____sur ATV Anambra
j.	14:40	Scooby Doo_____sur Cartoon Network
k.	18:00	Batman_____sur Cartoon Network

Exercise 26.2 Transcribe these opening hours, according to the example

Bibliothèque municipale:
E.g. du lundi au vendredi: de dix heures à douze heures - de *10 h à 12 h*

a. Tous les jours: de dix heures à seize heures: de_____à_____

   Fashion House: de douze heures à dix-neuf heures : de_____à_____

   Unity Bank: de huit heures à treize heures : de_____à _____

b. ABC Transport: tous les jours: de six heures à vingt-deux heures: de_____à_____

   Food is Ready: du lundi au samedi: de neuf heures trente à treize heures :
   de _____à_____

c. *Our Bank*: tous les jours: de huit heures et quart à seize heures : de _____ à_____

- De quelle couleur est ton amour, chéri? Est-ce qu'il est rouge? Est-il bleu? Est-ce qu'il est noir? Est-il blanc? Est-ce que ton amour pour moi est vert? Est-ce qu'il est brun? Est-il violet?

- Non, chèrie, mon amour pour toi est juteux. Il est orange.

Masculine/sing.	*Masculine pl*	*Feminine/sing*	*Fem/pl*	
Blanc	blancs	blanche	blanches	white
Noir	noirs	noire	noires	black
Vert	verts	verte	vertes	green
Brun	bruns	brune	brunes	brown
Gris	gris	grise	grises	grey
Violet	violets	violette	violettes	purple
Rouge	rouges	rouge	rouges	red
Jaune	jaunes	jaune	jaunes	yellow
Orange	orange	orange	orange	orange

De quelle couleur est ta robe (f), Kemi? Elle est blanche – What is the colour of your dress? It is white.

Et toi, Ike, de quelle couleur est ton pantalon (m)? – Il est blanc. – What is the colour of your trousers? It is white.

De quelle couleur est ta chemise (f), John? – What is the colour of your shirt?
Elle est verte. – It is green.
De quelle couleur est ton dictionnaire, Nourra? – What is the colour of your dictionary?
Il est vert. It is green.

Note that adjectives ending in "e" need no gender agreement:

Masc. sing	Masc plur	Fem/sing	Fem plur
Le maillot jaune	les maillots jaunes	la pièce jaune	les pièces jaunes
Un sac rouge	des sacs rouges	Une voiture rouge	des voitures rouges
Un ruban orange	des rubans orange	Une corde orange	des cordes orange

Note that as an adjective, orange is orange whether singular or plural, masc. or fem.

Generally, the rest of the adjectives agree in number and gender.

Masculine singular		**Feminine singular**	
Un canapé blanc	a white sofa	Une maison blanche	a white house
Un stylo noir	a black pen	Une voiture noire	a black car
Un pantalon vert	green trousers/pants	Une jupe verte	a green skirt
Un ours brun	a brown bear	Une chemise brune	a brown shirt
Un costume gris	a grey suit	Une cravate grise	a grey tie

Masculine plural		**Feminine plural**	
Des canapés blancs	white sofas	des maisons blanches	white houses
Des stylos noirs	black pens	des voitures noires	black cars
Des pantalons verts	green trousers/pants	des jupes vertes	green skirts
Des ours bruns	brown bears	des chemises brunes	brown shirts

Exercise 27.1 Answer the following questions, observing agreements relating to gender and number.

De quelle couleur est la chemise? (Blanc) – Elle est blanche

a. De quelle couleur sont les bus? (bleu). -_____

b. De quelle couleur est sa robe? (rouge)._____

c. De quelle couleur sont les maillots de votre club de football préféré? (Blanc et rouge)

d. De quelle couleur est la voiture du directeur? (Noir)_____

e. De quelle couleur est ton livre? – (Noir)_____

f. De quelle couleur sont vos chaussures? (Brun)._____

g. De quelle couleur sont les taxis de votre ville? (jaune)_____

h. De quelle couleur est le drapeau de votre pays?_____

i. De quelle couleur est la neige? (blanc)_____

j. De quelle couleur sont les feuilles au printemps? Et en automne?_____

Exercise *27*.2 *Answer the questions according to the example*

Est-ce que vos chaussures sont noires? – Non, elles ne sont pas noires, elles sont brunes.

a. Est-ce que votre sac à main est blanc? Non,_____(noir)

b. Est-ce que la veste de Catherine est verte? – Non,_____(gris)

c. Est-ce que les foulards des jumelles sont orange? – Non,_____(rouges)

d. Est-ce que le costume de Patrick est noir? – Non,_____(brun)

e. Est-ce que la robe de la mariée est rose? – Non,_____(blanche)

f. Est-ce que chez-vous les policiers portent un uniforme jaune?
    – Non,_____(noir)

Unit 28. En quoi......? Saying what objects are made of

En quoi est la robe? – What is the dress made of?
Elle est en coton. – It is made of cotton

En quoi sont les pneus? – What are the tyres made of?
Ils sont en caoutchouc – they are made of rubber.

Les chaussures sont en cuir. – The shoes are made of leather/they are leather shoes.

La boîte est en bois – The box is made of wood/it is a wooden box.

Le seau est en métal. – The bucket is made of metal/it is a metal bucket

La ceinture est en cuir synthétique – The belt is made of synthetic leather.

La porte est en bois. – The door is made of wood/it is a wooden door

Les fenêtres sont en verre. – The windows are made of glass.

Le sac est en plastique. – The bag is made of plastic/it is a plastic bag

Exercise 28.1 Construct sentences with the elements supplied

E.g. les tables/bois: Les tables sont en bois.

a. En quoi est le costume? (en laine - wool) –

b. En quoi sont les bijoux? (or - gold) -

c. En quoi est le couteau? (acier - steel) –

d. En quoi sont les fourchettes et les cuillères? (plastique) –

e. En quoi est la robe? (soie - silk) –

f. En quoi sont les pièces? (cuivre - copper) –

g. En quoi est l'armoire? (plastique). –

h. En quoi sont les bracelets ? (argent - silver). -

i. En quoi sont les T-shirts? (coton) -

j. En quoi est le canapé? (cuir). -

k. En quoi sont les écharpes et les bonnets? (laine). -

Exercise 28.2. *Vous êtes au service des objets trouvés. Le fonctionnaire vous pose des questions sur l'objet perdu. Répondez selon ces modèles*:

Est-ce que votre bague est en argent? – Non, elle n'est pas en argent. Elle est en or.

a.   Est-ce que le sac est en cuir? (tissu). -_____

b.   Est-ce que les tasses sont en plastique? (en porcelaine). - _____

c.   Est-ce que les cravates sont en coton? (soie). -_____

d.   Est-ce que les bancs sont en bois? (métal). -_____

e.   Est-ce que les couverts sont en argent? (cuivre). -_____

f.   Est-ce que les vestes sont en cuir? (velours). -_____

g.   Est-ce que l'emballage est en plastique? (carton). -_____

h.   Est-ce que le costume est en laine? (polyester)._____

i.   Est-ce que le lit est en bois? (fer). -_____

j.   Est-ce que le canapé est en cuir? (tissu). -_____

Bibliography

Maïa Grégoire and Odile Thiévenaz: Grammaire Progressive du Français avec 500 exercices CLE INTERNATIONAL, 1995, Paris.

Bescherelle POCHE : Les Tableaux pour conjuguer Les règles pour accorder Tous les verbes d'usage courant HATIER, Paris, Juin 1999

LE PETIT ROBERT 1 DICTIONNAIRE ALPHABÉTIQUE ET ANALOGIQUE DE LA LANGUE FRANCAISE Paris, 1989

I am also grateful to the following publishers :

LE GRAND Robert & Collins Dictionnaire FRANÇAIS-ANGLAIS /ANGLAIS –FRANÇAIS

HarperCollins Publishers, 2007, Glasgow G64 2QT, Great Britain.

The AMERICAN HERITAGE dictionary of THE ENGLISH LANGUAGE, 3RD EDITION, 1992 Boston, MA 02116

About the Author

The author has a degree in Modern Languages (French and German) from University of Nigeria, Nsukka as well as a certificate of advanced studies in Intercultural Relations from University of Geneva.

He taught French in secondary schools in Lagos, Nigeria. He currently works as an independent translator and interpreter in Switzerland.

Printed in the United States
By Bookmasters